广东省高职院校课程思政示范校建设项目、德育队伍协同育人项目

砥志研思 笃行致远

德育工作者研学心得体会

广州科技贸易职业学院课程思政研究中心 编著

·广州·

图书在版编目（CIP）数据

砥志研思　笃行致远：德育工作者研学心得体会／广州科技贸易职业学院课程思政研究中心编著．—广州：华南理工大学出版社，2024.7
　ISBN 978-7-5623-7697-2

Ⅰ.①砥… Ⅱ.①广… Ⅲ.①高等职业教育-德育工作-研究-中国 Ⅳ.①G711

中国国家版本馆CIP数据核字（2024）第071499号

砥志研思　笃行致远——德育工作者研学心得体会
广州科技贸易职业学院课程思政研究中心　编著

出 版 人：柯　宁
出版发行：华南理工大学出版社
　　　　　（广州五山华南理工大学17号楼，邮编510640）
　　　　　http://hg.cb.scut.edu.cn　E-mail：scutc13@scut.edu.cn
　　　　　营销部电话：020-87113487　87111048（传真）
策划编辑：范亚玲
责任编辑：张晓婷　刘　锋
责任校对：王洪霞
印　刷　者：广州一龙印刷有限公司
开　　本：787mm×1092mm　1/16　印张：8.5　字数：150千
版　　次：2024年7月第1版　印次：2024年7月第1次印刷
定　　价：58.00元

版权所有　盗版必究　印装差错　负责调换

前 言

为贯彻落实教育部印发的《高等学校课程思政建设指导纲要》，广州科技贸易职业学院根据《广州科技贸易职业学院推进课程思政教育教学改革工作的实施意见》，结合学校入选"全国职业院校课程思政研究中心"（教育部职业院校文化素质教育指导委员会）的契机，于2020年成立广州科技贸易职业学院课程思政研究中心。中心设在马克思主义学院，由马克思主义学院党支部负责全面落实课程思政建设工作。中心成员由学校各职能部门领导和各二级学院院长组成，致力于通过组织课程思政说课比赛、开展课程思政教育教学改革研究等活动，协同教务处和质量监控办公室从人才培养方案、课程标准制定等方面入手，构建包括理论教学、实践教学、评价体系在内的综合性专业群课程思政体系，从而营造出"门门有思政、人人讲育人"的氛围。

本书收录了广州科技贸易职业学院领导、思政课教师、学工团委教师、辅导员撰写的35篇参加"二十大精神进校园，队伍协同育新人——赴西柏坡+红旗渠信念教育专题研修班"的学习心得，集中体现了德育工作者对习近平新时代中国特色社会主义思想的政治认同、思想认同、理论认同、情感认同。本书内容丰富、观点鲜明，基于"协同育人"的核心理念，传承和弘扬了"西柏坡精神""红旗渠精神""扁担精神"等中国共产党人的精神谱系，具有较强的思想性、前沿性、时代性，展现了广州科技贸易职业学院德育工作具有强烈的德育意识和较高的育德能力，进一步凸显了学校德育队伍协同、合力育人的建设成效。将这些学习成果运用到思想政治工作中，可以促进思政队伍协同育人的常态化、系统化、具象化，推动思想政治工作主渠道与主阵地、理论课堂与实践课堂之间的科学衔接和良性互动，从而增强思政工作的亲和力和凝聚力。这不仅有助于教育学生增强政治认同、厚植家国情怀，提高道德修养，更有助于培养德智体美劳全面发展的社会主义建设者和接班人。

目 录

1. 汲取精神力量，争做教育先锋 丁 霞 / 1
2. 深刻领悟红旗渠精神 增强职教发展新动能 刘 忠 / 7
3. 铸就红色魂 赶考新征程 袁岸锋 / 12
4. 守望精神家园的太行人 陈 琴 / 15
5. 以自强不息精神基因筑牢现代文明基石 黄雪梅 / 18
6. 赴红旗渠、西柏坡研修心得 廖泽香 / 22
7. 探寻中国精神的源头，感悟新时代的思政课教育 钟映荷 / 24
8. 补足精神"钙"，讲好思政课 侯进炳 / 28
9. 红旗渠精神融入高校思政课的路径启示 崔子洋 / 31
10. 以伟大红旗渠精神引领新时代青年成长成才 刘付娟 / 34
11. 感悟红旗渠精神，践行使命担当 林绮婷 / 40
12. 寻红色记忆，筑教育之梦 黄 莹 / 45
13. 红色研学对高职心理教师成长的意义与个人心得 叶 婷 / 48
14. 弘扬红色精神 传承红色文化 李 红 / 50
15. 不忘初心，砥砺奋进 司徒巧敏 / 53
16. 红色研学对高职教师职业发展的影响及研学心得 贺爱卿 / 56
17. 红旗渠精神与西柏坡精神：伟大精神的传承 苏 帅 / 58
18. 追寻红色印记汲取奋进力量，做一名合格的思想政治教育工作者 周 进 / 63

19	红旗渠参观学习心得体会	陈金凤	/ 67
20	传承红色基因，服务教育事业	魏红梅	/ 71
21	忆峥嵘岁月　传红色精神　聚奋进力量	叶颖瑜	/ 75
22	红旗渠精神融入大学生思想政治教育的路径研究	姜　令	/ 78
23	新时代红色研学对大学生思政教育的价值及路径探索	林慕飞	/ 84
24	扬红旗渠精神，筑思政新高地	庄　炜	/ 88
25	精神长河，映照初心	黄丹丹	/ 91
26	红旗渠探访：深度领悟人民伟力	黄小栋	/ 94
27	2023年暑期红色研修心得体会	江　凯	/ 96
28	红色精神引领时代新人培育	徐冠东	/ 99
29	赴红旗渠、西柏坡研学报告	蒋　婷	/ 103
30	实践出真知，赓续红色血脉	徐文梁	/ 106
31	高校德育工作者参加暑期红色研修的意义与启示	彭晓敏	/ 110
32	扬帆起航，勇攀高峰，传承中华民族精神	吴　超	/ 114
33	红色研学对高职院校教师培训的启示	尹婷婷	/ 118
34	红旗渠、西柏坡研学心得体会	陈小琼	/ 121
35	红色精神对高校思政教育的启发	张　彤	/ 125

1 汲取精神力量，争做教育先锋
——爱国主义教育基地林州和西柏坡参观见学有感

副校长 丁 霞

习近平总书记在辽宁考察时指出："红色江山来之不易，守好江山责任重大。要讲好党的故事、革命的故事、英雄的故事，把红色基因传承下去，确保红色江山后继有人、代代相传。"2023年，在学校的统一安排下，我有幸于7月13—18日与其他党员干部一起，赴爱国主义教育基地林州和西柏坡参观见学。其间，通过参与专题讲座、音像教学、现场教学等多种形式的沉浸式主题教育学习，我受益匪浅，感受颇多。

本次教育学习主要采用体验式学习的思路。在整个学习周期中，我们走进红旗渠纪念馆，回顾了当年的修渠历程；参观红旗渠的枢纽工程——分水闸，亲身感受红旗渠精神传人所秉持的信念和展现出的姿态；来到红旗渠咽喉工程之一的青年洞，重温入党誓词；走在富民路和太行天路上，感受和学习"自力更生、艰苦创业、团结协作、无私奉献"的红旗渠精神；走进谷文昌纪念馆，了解"100位新中国成立以来感动中国人物"之一、"四有书记"谷文昌事迹，学习其一心为公、无私奉献的精神；走进扁担精神纪念馆，了解几代供销社人用心血和汗水凝聚而成的扁担精神；在西柏坡中共中央旧址和西柏坡纪念馆，近距离深入了解党在西柏坡的奋斗历程，领会西柏坡精神的内涵；在李家庄统战部旧址，了解中国共产党和各民主党派肝胆相照、风雨同舟、继往开来的光荣历史。尤其是在了解习近平总书记在正定的岁月，了解他一心为民谋幸福的事迹后，我更加深刻体会到共产党员的初心与使命。一代人有一代人的使命，一代人必须要有一代人的担当。因此，我们必须要铭记革命历史、传承革命传统，在不断传承红色基因的过程中，进一步推动新时代职业教育事业高质量发展。

一、准确把握西柏坡精神等四个伟大精神的深刻内涵

（一）西柏坡精神

西柏坡精神是红色革命精神之一，由毛泽东同志在西柏坡召开的中国共产党七届二中全会上提出，是指以毛泽东同志为首的党中央在西柏坡时期所体现和创立的一系列革命精神。西柏坡精神产生于中国革命重要的历史转折关头，决定着中国革命的前途和命运，所以西柏坡精神集中体现了敢于斗争、敢于胜利的彻底革命精神，体现了头脑清醒、目光远大的胜利者图强自律的精神。

西柏坡精神的主要内容包括：永不停步，将革命进行到底；要坚持以经济建设为中心；坚持"两个务必"，保持党的优良传统和作风；团结高效，加强党的集中统一。西柏坡精神的核心是教育全党要经得起新的历史阶段的考验。西柏坡精神的实质是巩固和加强共产党的执政地位，不断地把社会主义事业推向前进。

（二）红旗渠精神

"自力更生、艰苦创业、团结协作、无私奉献"是红旗渠精神的内涵，是在修建红旗渠的过程中形成的。红旗渠的修建从1960年2月开始，至1969年7月全面完工，这项工程历时近十年。该工程共削平了1250座山头，架设151座渡槽，开凿211个隧洞，修建各种建筑物12 408座，挖砌土石达2225万立方米，红旗渠总干渠全长70.6千米，干渠支渠分布全市乡镇。30万勤劳勇敢的林县人民，苦战近十个春秋，仅仅靠着一锤、一铲、两只手，在太行山悬崖峭壁上筑成了这条流淌着自力更生、艰苦创业精神气质的人工天河。

红旗渠精神以独立自主为立足点，以艰苦创业、无私奉献为核心，以团结协作的集体主义精神为导向，既继承和发扬了中华民族勤劳坚韧的优良传统，又体现了当代中国人的理想信念和不懈追求。今天的红旗渠，已不单纯是一项水利工程，更

是已成为民族精神的象征。2021年9月，党中央批准了中央宣传部梳理的第一批纳入中国共产党人精神谱系的伟大精神，红旗渠精神被纳入其中。

（三）谷文昌精神

谷文昌同志于1950年随解放军南下福建省东山县，从1955年开始在福建省东山县任县委书记，他带领群众艰苦奋斗，改变了东山的面貌，也因此受到广大群众的敬仰。尤其是在他的带领下，干部群众筑堤拦沙、挑土压沙、植草固沙、种树防沙，在全县掀起轰轰烈烈又扎扎实实的全民造林运动。几年过去，421座山头、3万亩沙滩，尽披绿装，万亩防沙林、水土保持林，如绿色的飘带在童山、赤地、沙丘上茁壮成长，环护着田园村舍。谷文昌精神的内涵十分丰富，主要包括坚定不移的理想信念、一心为民的公仆情怀、求真务实的担当精神以及艰苦奋斗的优良作风。谷文昌精神是对谷文昌一生表现出的党性修养、思想品质和道德情操的集中概括。2015年1月，中共中央总书记习近平在中央党校县委书记研修班学员座谈会上谈到谷文昌的先进事迹时指出，"他一心一意为老百姓办事，当地老百姓逢年过节是'先祭谷公，后拜祖宗'"。2015年6月，习近平在会见全国优秀县委书记时指出，焦裕禄、杨善洲、谷文昌等同志是县委书记的好榜样。

（四）扁担精神

"一根扁担两个篓，肩挑货担绕山走。""扁担精神"是自力更生、艰苦创业的奋斗精神。"扁担精神"发源于70多年前河南省石板岩乡供销社，"一根扁担挑家业，两个肩膀抬真情"曾是供销社干部职工的真实写照。在那个交通不便的年代，他们硬是用一根扁担、一副铁肩、一双脚板，挑去了农民需要的生活物资，挑出了群众向往的幸福生活。"不怕山高路远、不怕出力流汗、不怕重担压肩"，这是他们消除疲惫的口号，更是他们为民服务的情怀。

新时代的党员干部要读懂"扁担精神"，敢挑"大梁"，敢担重任，以"扁担精神"实现岁岁有今朝的"丰收愿景"。尽管在不同时期，"扁担精神"的内涵有所不同，但是一心为民、全力服务的实质没有变，自力更生、艰苦奋斗的核心没有变，不断创新、永无止境的灵魂没有变。

总的来说，西柏坡精神、红旗渠精神、谷文昌精神、"扁担精神"这四种伟大精神，蕴含着面对困难与挑战的自力更生、艰苦创业精神，是一心为公、无私奉献的公仆精神，是民族精神的升华，是马克思主义中国化的重要成果，更是时代精神的集中体现。

二、在传承红色基因中争做教育排头兵

红旗渠精神、谷文昌精神、"扁担精神"、西柏坡精神等伟大精神，是党和人民精神宝库的重要组成部分，是中华民族的宝贵精神财富。我作为新时代高职院校的党员干部，必须传承红色基因，勇担职责使命，在工作中继承和发扬好革命精神，不断加强理论学习，注重实践锻炼，积极参与教育改革创新，提升教育教学质量。同时，应加强自身修养，树立正确的人生观、价值观，做到廉洁奉公、以身作则。此外，要积极参与党组织的各项活动，增强组织认同感和凝聚力。通过不断努力，争做教育阵列的排头兵，为培养高素质职业技能型人才、推动高等职业教育事业发展作出积极贡献。

（一）要矢志不移、坚定信念

在党的带领下，中华儿女取得了辉煌的成就，其原动力就在于坚定的理想信念。在新时代新征程中，弘扬红旗渠精神、西柏坡精神等伟大精神，其实就是开展全民族理想信念教育。首先，我们要在"两个维护"中坚定理想信念，坚决维护习近平总书记党中央的核心、全党的核心地位，坚决维护党中央权威和集中统一领导，牢固树立"四个意识"，坚定"四个自信"，深入学习贯彻落实党的二十大精神，不断加强党性修养，始终保持共产党人的政治本色。其次，我们要从知史明史中坚定理想信念。历史是最好的教科书。我们要加强党史、新中国史、改革开放史、社会主义发展史的学习研读，知史爱党、知史爱国。要从干事创业中坚定理想信念。习近平总书记指出，"没有远大理想，不是合格的共产党员；离开现实工作而空谈远大理想，也不是合格的共产党员"。我们必须坚持知行合一，不断自我净化、自我完善、自我革新、自我提高，通过持之以恒的努力，让理想信念内化于心、外化于行。

（二）要刻苦学习、强化修养

明大势才能谋大事。我们要不断刻苦学习党的创新理论和一切新知识，提高理论联系实际的能力，推进马克思主义中国化、时代化、大众化，做到用科学理论武装头脑、指导实践、推进工作。要运用科学理论关键是要在学习上下功夫，坚定理想信念，真正做到立场坚定、头脑清醒，成为真学、真懂、真信、真用的表率。在快速发展变化的时代，面对艰巨繁重的改革任务、纷繁复杂的群众问题、转型发展的工作压力，唯有学习方能增强本领、唯有学习才能行稳致远、唯有学习才可以赢得未来。

高职院校党员干部要牢固树立学习意识，把学习作为一种工作常态、一种生活方式。一是要明确学习方向。对于党员干部来说，要用党的先进理论武装头脑，将马克思主义作为一切工作的指导思想。必须把学深悟透党的创新理论作为重要任务，作为理论武装和思想升华的重要任务。二是要掌握学习方法。作为教育工作者，既要教书育人，也要钻研学习。要学会用"挤"和"钻"的方法学习，工作忙就要"挤"出时间，看不懂的也不要怕，就用"钻"的精神去应对，如木匠钻木头一样"钻"进去学习。只要将"挤"和"钻"用好，就没有什么学不会的。三是要理论联系实际。即抓贯穿、抓结合、抓转化、抓落实。在实践中学习，又将学习转化为推动实践的强大动力，做到学以致用、知行合一，真正把党的先进理论内化于心、外化于行。

（三）要依靠群众、担当为民

我们党的根基在人民，血脉在人民，力量在人民。实现好、维护好、发展好最广大人民的利益是每一个党员干部义不容辞的责任。作为高职院校党员干部，一是要紧紧依靠群众，密切联系师生。要将师生所盼所想当作第一信号，将师生需求当作第一选择，将师生满意作为第一目标，将以人民为中心的理念贯穿于学校改革发展的全过程，努力办好让人民满意的教育。二是要深怀爱民之心，自觉摆正与师生的关系。高校党员干部要广泛、充分听取师生的意见和建议，切实关心师生生活，急师生之所急，办师生之所需，真正与师生同向同行，从而维护、实现好师生的根本利益。因此，在开展工作时，要始终坚持党的群众路线，无论是涉及社会主义现代化建设的大事，还是办人民满意教育的实事，我们都要竭尽所能、尽快找到有效的解决方案。

（四）要真抓实干、夙夜为公

当前，学校有部分党员干部，存在被原有的条条框框束缚，缺乏干事创业的信心和决心，办事迈不开步伐、放不开手脚的情况。我们需要在实践中采取以下措施，鼓舞他们的干劲。

首先要培养党员干部的斗争精神。习近平总书记在中央党校中青年干部培训班开班式上指出，年轻干部要自觉加强斗争历练，在斗争中学会斗争，在斗争中成长提高，努力成为敢于斗争、善于斗争的勇士。年轻干部要坚定斗争意志，不屈不挠、一往无前，决不能碰到一点挫折就畏缩不前，一遇到困难就打退堂鼓。年轻干部要善斗争、会斗争，提升见微知著的能力，透过现象看本质，准确识变、科学应变、主动求变，洞察先机、趋利避害。

其次，要抓好工作落实。空谈误国、实干兴邦；一分部署、九分落实，这强调的都是实干的重要性。职业教育前途广阔，大有可为，作为高等职业院校党员干部更要担应担之责、担该担之责、担必担之责，以"朝受命、夕饮冰"的事业心和"昼无为、夜难寐"的责任感，重实干、求实效，立足当前，着眼长远，务实重行，真抓实干，推动职业教育向前发展，更好地服务广大人民。

习近平总书记曾指出："一个民族最深沉的精神追求，一定要在其薪火相传的民族精神中来进行基因测序。"西柏坡精神等伟大精神，已经深深融入中华民族的血脉和灵魂，成为中华民族精神的象征，是鼓舞和激励中国人民奋勇前行的强大精神动力。即使当今中国已步入了新时代，但艰苦奋斗的作风、全心全意为人民的宗旨仍然需要被继承和发扬。在今后的工作中，我们要传承好红色基因，时刻关心群众，始终将代表、维护和发展好最广大人民群众的根本利益置于工作的首位，我们要努力做令人民满意的教育工作者，争做教育阵列排头兵，脚踏实地地投身于高等职业教育事业，为其添砖加瓦，形成风清气正的高职教育干部矩阵。

2 深刻领悟红旗渠精神 增强职教发展新动能

智能制造学院 刘 忠

2023年7月的中原地区，烈日炎炎，我们满怀敬仰和期盼的心情来到红旗渠精神的发祥地——河南省林县（今林州市），放眼望去，蔚为壮观，红旗渠宛如一条条巨龙盘旋在太行山麓。难以想象在新中国成立初期，百废待兴、艰苦卓绝的条件下，30万勤劳勇敢的林县父老乡亲们，艰苦奋斗近十载，仅仅靠着一锤、一铲、一锨、一砖、一车、两只手，在断崖高起、群峰峥嵘、台壁交错、苍溪水湍、流瀑四挂的太行山上修成了全长达1500千米的红旗渠水利工程。崇山峻岭间，绵延着一条翡翠般的玉带，这就是被开国元勋、人民的总理周恩来誉为"新中国两大奇迹"之一的林县红旗渠。

作为一名在职业教育领域奋战超过三十年的老职教人，很难不将红旗渠精神和职业教育的发展联系起来思考，红旗渠精神的时代性势必为职业教育的发展注入强大的精神力量。职业教育的目的是培养应用型人才和具有一定文化水平和专业知识技能的社会主义劳动者和社会主义建设者。职业教育是培养高素质技能型人才的基础工程，要坚持党的领导，坚持正确办学方向，坚持立德树人，重实践、重技能、重能力。红旗渠精神强调的是苦干、实干、决心、毅力和执着，这种实干兴邦的精神全面阐释了职业教育的内涵。红旗渠并非只是一条普普通通的水渠河道，而是承载着建设者、奋斗者的使命追求、集体智慧和奋斗气质等精神象征的"人工天河"。红旗渠精神既是奋发向上、勤劳勇敢、自强不息的精神力量，也是推动职业教育高质量发展的优秀基因。

一、红旗渠精神的深刻内涵

红旗渠精神是指在艰苦卓绝的条件下，中国共产党领导人民群众同心协力、拼搏奉献、克服困难、不怕牺牲、勇往直前、艰苦创业的精神。在革命精神的鼓舞下，林县人民克服了水利建设特别是大渠工程中的重重困难，积极应对各种挑战，最终取得了这一伟大成就。

红旗渠是在共产党领导下完成的伟大工程，凝聚着中华民族的力量，体现了坚定的革命信念。在极端艰苦的条件下，人民群众齐心协力，勇毅前行，共同致力于红旗渠建设，展现了伟大的团结协作精神。在艰苦的条件下，林县人民通过创新的技术和方法，不畏艰难，勇往直前，体现了排除万难、不怕牺牲、坚韧不拔、顽强不屈、一往无前的革命英雄主义精神。在红旗渠漫长的修建历程中，林县人民进行科学论证、科学施工，注重实际效果，体现了实事求是的务实精神。

总的来说，红旗渠精神体现了中国共产党永葆先进性的奋斗精神，是团结、拼搏、实干、创新的精神象征，具有重要的历史和现实价值。

二、红旗渠精神所体现的民族品格

红旗渠精神诠释了中华文化的深厚底蕴和丰富内涵，已经成为民族精神的伟大传承，体现了中国人民在奋斗中前进的精神风貌和自强不息的民族品格，具有时代价值和深远影响。

红旗渠是在特定历史时期和极其艰难的条件下完成修建的，林县人民以敢教日月换新天的革命斗志，通过集体协作、开拓创新，自力更生、艰苦奋斗、顽强拼搏，成功修建了这一伟大工程。

红旗渠精神也体现了深厚的爱国主义情怀。在漫长的修建红旗渠的过程中，林县人民心怀对国家的热爱，对社会主义新家园的憧憬，舍己为公，为国家的利益奋斗，为美化家园的建设出力。这种爱国主义精神正是红旗渠精神的核心。

红旗渠精神体现了中华民族传承下来的集体智慧，凝结了五千年中华文明的勤劳、勇敢、智慧、爱国主义和创新等优秀品质，是华夏文明和民族精神的重要组成部分。

三、红旗渠精神的时代意义

林县人民在红旗渠修建过程中所体现出的勠力同心、分工协作、术业专攻、创新拼搏等特质，在当今推动农业现代化、促进生态文明建设以及倡导培育社会主义核心价值观等方面都具有重要的指导意义和现实意义。

在推动农业现代化方面，红旗渠精神为新时代农民提供了强大的精神动力。在红旗渠修建过程中，林县人民自己制造了大部分的工具和材料。这种精神激励我们在推动农业现代化过程中，积极采用现代化技术，不断提高农业生产效益，从而推动农业现代化进程。在大力发展农业现代化的今天，红旗渠精神有利于引导农民适应新时代农业发展的要求，提升农业生产水平。

在促进生态文明建设方面，红旗渠精神也具有重要意义。在红旗渠工程的建设过程中，林县人民注重科学施工，这种精神在生态环境保护中同样适用。新时代强调生态环境保护的重要性，倡导绿色发展理念，推动可持续发展。弘扬红旗渠精神，有利于更好地推动生态文明建设，实现人与自然的和谐共生。

最后，红旗渠精神对于倡导培育社会主义核心价值观也具有积极意义。通过弘扬红旗渠精神，我们可以引导人们形成爱国主义、集体主义、奉献精神等价值观，增强社会凝聚力和向心力。同时，红旗渠精神所体现出的团结协作、艰苦创业等精神品质，也有助于培育优良社会风气，促进社会和谐稳定。

总之，红旗渠精神在社会主义现代化建设新的征程中依然具有强大的生命力和重要的现实意义，对于推动社会经济发展、培育优良社会风气具有积极意义。我们应该继续弘扬红旗渠精神，将其融入现代化建设的各个领域，为实现中华民族伟大复兴的中国梦贡献力量。

四、红旗渠精神对职业教育的启示

红旗渠精神对职业教育具有深刻的启示意义。首先，红旗渠精神所蕴含的丰富实践创新本质，与职业教育注重培养学生动手实践能力的目标高度契合。在职业教育过程中，我们应结合社会实际需求，积极引导学生参与企业和社会生产劳动等实践活动，通过实践锻炼他们的实操技能，培养他们解决问题的能力。

其次，在红旗渠的修建过程中所体现出的团结协作精神，对职业教育同样具有重要的启示。职业教育必须重视培养学生的团队协作能力和沟通能力，使他们具备与他人合作、共同参与社会活动、共同解决问题的能力。通过团队合作的实践，学生可以更好地适应未来的工作环境，提升个人和团队的综合素质。

此外，红旗渠的修建历程充满了艰辛和挑战，但林县人民不畏艰难，克服重重险阻，最终取得了成功。这种勇于挑战困难的精神，也是职业院校学生应当具备的。我们应该教育学生面对逆境时要从容乐观，不惧困难、勇敢前行。

最后，红旗渠的修建注重实效和效率，这也为职业教育提供了宝贵的启示。职业教育应顺应大力提高生产力的趋势，注重教学效率的提升，确保学生在毕业后能够迅速适应工作需要，为社会的发展贡献自己的力量。

综上所述，红旗渠精神对职业教育具有多方面的启示意义。我们应当深入挖掘红旗渠精神的内涵，将其融入职业教育的实践中，培养出更多具备实践创新能力、团结协作精神，勇于挑战困难和注重实效的高素质人才。

五、关于红旗渠精神的深刻领悟

务必要坚定理想信念。红旗渠精神是中国共产党领导中国人民在长期革命斗争和建设实践中形成的伟大革命精神。它激励着一代又一代勤劳勇敢的中国人民在实现中华民族伟大复兴的新征程中不断努力，勇毅前行。

务必要坚持独立自主、自力更生、艰苦奋斗、锲而不舍的民族精神。这正是新中国成立以来，社会主义建设初期所倡导的精神，也是我们国家在持续发展中始终强调的精神。在实地探访红旗渠工程，学习红旗渠精神的过程中，我深刻感受到了这种精神的伟大力量。正是因为这种精神代代传承，我们才能够在国家建设和发展中取得一个又一个的胜利。

务必要坚持国家利益与集体利益高于一切的团结协作、无私奉献的精神。在现代社会中，团结协作已经成为现代人必备的一种素质。人类社会正在构建命运共同体，相互依存度越来越高，只有通过协作，才能够实现个人价值，推动社会发展。弘扬无私奉献精神是达成这一共同目标的内在素质和重要保障。只有通过不断修炼内功、无私奉献，才能够升华为人民服务的价值理念和坚定信仰，才能够更好地为中华民族伟大复兴贡献自己的力量。

务必要坚持脚踏实地、实事求是、求真务实、科学创新的精神。这种精神不仅是我们在工作学习中所必须坚持的，更是要内化为我们的品格。只有始终秉持实事求是的态度和脚踏实地的优良作风，才有助于科学创新。只有通过不断的科学创新，才能提升新质生产力，为强国建设插上翅膀。

五十多年来，红旗渠水灌溉着太行山脉万亩良田，林州父老乡亲的生活犹如渠水般甘甜，老百姓的生活既富足又美好。当年林县儿女劈山开渠的感人事迹孕育出伟大的红旗渠精神，如今依旧熠熠闪烁，而且必将永放光芒。这种精神激励着一代代人，几十年如一日为实现两个一百年的奋斗目标勇毅前行。我们应该在学习和工作中不断弘扬和传承这种精神，为职教发展增添新动能。

3 铸就红色魂
　　赶考新征程

纪委办公室　袁岸锋

　　1948年春，毛泽东同志率领中央前委和中国人民解放军总部进驻位于太行山东麓的西柏坡。这个被誉为解放全中国的"最后一个农村指挥所"，见证了中国革命的重要时刻。在这里，党中央指挥"三大战役"，召开了历史性的党的七届二中全会，新中国从这里走来，同时孕育形成了以"两个务必"为核心的西柏坡精神。西柏坡精神的内涵十分丰富，它体现了中国共产党人谦虚谨慎、不骄不躁的作风，以及艰苦奋斗、密切联系群众的精神。这种精神是我们党在革命战争年代形成的，也是我们在新的历史条件下继续前行的强大动力。

　　1960年，30万林县人民在党的领导下，以极大的勇气和毅力，发扬自力更生、艰苦创业的精神，用一锤一钎一双手，在太行山上劈山凿壁，穿石挖渠，筑造了千里"人工天河"红旗渠。红旗渠的建成不仅解决了林县人民的用水问题，更成了中国共产党人领导人民群众创造奇迹的生动例证，它体现了林县人民的坚韧顽强和无私奉献精神，更彰显了中国共产党的领导力、感召力。正是在"跟着共产党，过上好日子"的精神支柱和强大感召下，中国共产党人带领人民群众攻坚克难，最终完成了这一伟大的工程。

　　西柏坡精神和红旗渠精神都是中国共产党人在革命和建设实践中形成的宝贵精神财富。这些精神是我们在新时代继续前行的强大动力。作为新时代的思政工作者，我们应该深入学习领会中国共产党人的精神谱系，从红色故事中提取、凝练红色基因，在实践红色精神中赓续红色血脉。

修建红旗渠是必然之举，一方面是阻挡江河的大山，一方面是祖祖辈辈对水的期盼，两种力量的对抗在修建红旗渠之前世世代代存在。是谁，是什么力量实现了人们对水的期盼？是林县人民的质朴纯粹、坚韧顽强、铁骨铮铮，更是由以县委书记杨贵为代表的共产党人组成的坚强核心，成了这项惊天地、泣鬼神的伟大工程的中流砥柱和力量源泉，它生动彰显了中国共产党能，中国共产党人能。正是在共产主义远大理想和社会主义信仰的感召下，一代代中国共产党人从革命战争年代一路走来，一直走到今天，历经苦难辉煌，以坚定的理想信念攻坚克难，闯过一道又一道难关，书写了人类发展史上一个又一个伟大奇迹。可以说，没有中国共产党，就没有新中国，没有中国共产党，就没有红旗渠。

列宁说过，"忘记历史就意味着背叛"。西柏坡精神、红旗渠精神已成为中国共产党人精神谱系的重要组成部分，与中国共产党带领人民创造的其他精神谱系中闪闪发亮的名字一起，成为共产党人取之不尽、用之不竭的力量源泉。我认为，即使放眼人类的历史长河，它们也完全可以站在人类精神之巅。作为思政工作者，在思想、价值、生活方式日趋多元化的今天，在平庸、佛系成为有些青年的精神底色和时尚标签的当下，我们拿什么引领、激励、燃烧他们？深入学习领会中国共产党人的精神谱系，从红色故事中提取、凝练红色基因，在实践红色精神中赓续红色血脉，做到"有信仰的人讲信仰"，不仅是党提出的要求，也是每一位思政人的必修课。

毛泽东说过，夺取全国胜利，只是万里长征走完了第一步……务必使同志们继续地保持谦虚、谨慎、不骄、不躁的作风，务必使同志们继续地保持艰苦奋斗的作风。西柏坡的历史告诉我们，"两个务必"的实质就是不能忘记人民群众，更不能脱离人民群众。干革命，为的是让人民当家作主；搞建设，为的是满足人民群众美好生活愿望。正是因为中国共产党始终强调和坚持全心全意为人民服务，才有解放战争时期"最后的一碗米，送去做军粮；最后的一尺布，送去做军装；最后的老棉被，盖在担架上；最后的亲骨肉，送去上战场"的军民鱼水情。

联系育人实际，牢记"两个务必"对教育者而言仍有很强的现实意义。我们处在地理交汇、文化交融、思潮交锋的广州，由于我们思政育人的效果还不够理想，思想政治工作面临非常复杂的风险挑战，因此要保持谦虚谨慎的态度。变量多、考题难，所以我们一定要把"两个务必"精神和"进京赶考"态度落实到日常的教学科研和行政管理工作中，心怀天下，脚踏实地，坚守岗位职责，在立德树人的道路上交出一份令党满意的答卷。

习近平总书记强调，对我们共产党人来说，中国革命历史是最好的营养剂。多重温我们党领导人民进行革命的伟大历史，心中就会增添很多正能量。正所谓，"讲道理不如讲故事"，作为思政工作者，我们要增强对红色好故事的认知理解，提升讲好红色故事的责任感，不断总结讲好故事的方法，真正做到传承红色基因，让红色好故事打动青年心灵、增强青年信仰、赋能青年成长。

4 守望精神家园的太行人
——对红旗渠精神的思考

马克思主义学院 陈 琴

我有幸参加2023年暑假开展的"二十大精神进校园，队伍协同育新人——赴西柏坡＋红旗渠研修班"德育工作者的红色研学活动，一路上有许多触动和感动，最让我印象深刻的是在林县参与的有关红旗渠精神的学习，这次学习带给我很多思考，使我真正理解了红旗渠精神的内涵，"自力更生、艰苦创业、团结协作、无私奉献"，红旗渠精神的每个词都蕴含着朴实鲜活的故事脉络。

一、从求"天"要水转向求"己"要水的林县人

林县（现林州市）是河南省太行山东麓的山城，全县山岭起伏，十年九旱。新中国成立前，40万人中有28万人常年需要翻山越岭到几里甚至20里以外挑水吃。"光岭秃山头，水缺贵如油，豪门逼租债，穷人日夜愁"的打油诗正是对林县的贫穷与干旱的真实写照。新中国成立前，水对于林县人民而言是奢侈品。林县解放后，林县人在党和政府带领下，先后打了两千余口井，修建了三座小型水库和英雄渠，但仍然无法摆脱干旱困扰。同旱魔抗争多年的林县领导认识到，要从根本上解决干旱问题，必须采取引蓄相结合的方法，将山西的漳河水引入河南林县。但要用锤子、铁锹和双手在悬崖绝壁上开挖几千千米渠道及建造几千座附属建筑物并非易事。

林县人宁愿苦干不愿苦熬，决心从求"天"要水转向求"己"要水，从此揭开

了红旗渠工程的序幕。红旗渠精神是改变命运的艰苦创业精神。

二、开凿"人工天河"红旗渠的林县人

在解放初国家资源极其匮乏的年代，林县人民自力更生，自己生产了大部分材料和工具。林县人民苦战10个春秋，仅仅靠着一锤、一铲、两只手，在太行山悬崖峭壁上修成了这全长1500千米的红旗渠。在条件极其艰苦的情况下，林县人民在共产党的带领下，靠着自力更生、艰苦创业的精神，筑成了这条人工天河——红旗渠。红旗渠的修建也造就了大批优秀的能工巧匠，如今林县儿女已遍及全国建筑行业并成为领军人物。周总理曾自豪地告诉国际友人："新中国有两大奇迹，一个是南京长江大桥，一个是林县红旗渠。"红旗渠精神是创新求实的自力更生精神。

三、改变命运建设家园的林县人

没有饭吃就派专人到处挖野菜吃，三块石头支起来，就是烧锅煮饭的伙房；山洞里、席棚里、石板上便是"床"；"蓝天白云做棉被，大地荒草当绒毡。高山为我放岗哨，漳河流水催我眠！"旧民谣中唱出的当年红旗渠青年的豪迈与乐观，深深感染了我们参观的人。今天，用知识和智慧建设祖国，已成为当代青年的共同心声。红旗渠被称为"第八大世界奇迹"，红旗渠宛如一座绵延起伏的"水上长城"，每年吸引着数百万中外游客到访。随着红旗渠精神教育和生态旅游功能日益凸显，形成了以红旗渠爱国主义教育游和太行山大峡谷绿色生态游，"一红一绿"交相辉映的旅游品牌。红旗渠已经成为林州人民的"生命渠""幸福渠"，今天的林州已从"光岭秃山头"建设成为"江南水乡"美丽家园。红旗渠精神是开天辟地的团结合作精神。

四、传承"红旗渠精神"

今天红旗渠精神依然是鼓舞我们艰苦奋斗、开拓进取的强大精神动力，依然是激励我们求真务实、真抓实干的宝贵精神财富。红旗渠精神经过反复锤炼、丰富发展，焕发出历久弥新的光芒，成为中华民族精神的象征。红旗渠不仅是一项水利工

程，更是成为民族精神的象征。如何传递好精神火把、永葆理想"蓝光"，是新时代必须深入思考和回答的课题。

　　学习红旗渠精神，就要全心全意为人民服务。要按照习近平总书记提出的心中有党、心中有民、心中有责、心中有戒的"四有"要求，在工作上亲力亲为，以上率下推动各项工作取得实效，在思想上、政治上、行动上同以习近平同志为核心的党中央保持高度一致，强化为民服务意识、责任意识、担当意识、纪律意识。学习红旗渠精神，就要树立实干真干意识。实干出真知。坚信"一勤天下无难事"的古训，咬定青山不放松，心无旁骛抓落实，抢抓机遇，苦干实干，为创造幸福美好的新生活而努力奋斗！学习红旗渠精神，就要创新思想，既大胆设想、大胆创新，又科学论证、科学设计、科学施工。自己要提升思想境界，积极进取，奋发有为，在深入研究新情况、不断解决新问题的实践中努力开创各项工作新局面。心理上的畏难情绪是干事创业的最大障碍。学习红旗渠精神，就要乐观积极向上。我们要始终保持昂扬向上、积极进取、奋发有为的精神状态，遇到困难知难而进、逢山开路、遇沟架桥，坚定不移朝着既定目标前进。

　　修建红旗渠的过程中，无数党员为我们做出了榜样，正如当年在修渠中光荣入党的特等劳模任羊成所言，"那时都是共产党员冲锋在前，然后是共青团员顶上去，群众紧紧跟着我们……我最佩服的就是共产党干部吃苦在前、享受在后的精神。"红旗渠精神曾经响彻历史的岁月，如今也同样可以振奋时代的精神。"自力更生、艰苦创业、团结协作、无私奉献"这十六个字是以独立自主为立足点，以艰苦创业、无私奉献为核心，以团结协作的集体主义精神为导向，继承和发扬了中华民族勤劳坚韧的优良传统，体现了当代中国人的理想信念和不懈追求。

5 以自强不息精神基因筑牢现代文明基石
——参观红旗渠有感

马克思主义学院　黄雪梅

河南安阳林州市（原林县）在历史上是一个"十年九旱、水贵如油"的穷困地区，20世纪60年代，当地人民为解决靠天等雨的恶劣生存环境，摆脱因缺水造成的穷困，在党和政府的支持下，从1960年2月开始动工修建红旗渠（原称"引漳入林"工程），经过奋战，1965年4月5日实现总干渠通水，1966年4月三条干渠同时竣工。从1960年2月到1969年7月，先后有30多万林县儿女自带工具、自备口粮、风餐露宿，在太行山中苦干9年多，削平1250座山头、凿通211个隧洞、架设151座渡槽，在太行山腰建成了全长1500千米被称为"人工天河"的红旗渠。在中国共产党领导下，林县人民靠着一锤、一钎、一双手，创造出太行山上的奇迹，孕育出了"自力更生、艰苦创业、团结协作、无私奉献"的红旗渠精神。

2022年10月28日，习近平总书记到河南安阳林州市红旗渠纪念馆参观考察时指出，红旗渠就是纪念碑，记载了林县人不认命、不服输、敢于战天斗地的英雄气概。从一幅幅珍贵的老照片中，我们可以感受林县人民血液里自强不息的精神基因，由此，令人不禁想起中华民族自近代以来遭受劫难时的抗争精神，在革命战争年代陷入困境时的自救决心，在改革开放年代的"敢"字当头的勇气与魄力。历史充分说明，在中国共产党的领导下，我们传承并创新中华优秀传统文化，特别是自强不息的精神基因，从而谱写了恢弘的历史华章。在向第二个百年奋斗目标进军的关键时刻，我们更应继续弘扬自强不息精神，用它来筑牢中华民族现代文明基石。这不仅是中华民族的突出优势，更是为中国式现代化赋予了深厚的底蕴。

一、自强不息是中华民族的精神基因

"天行健，君子以自强不息"（出自《易·乾·象》）是中华民族自强不息精神基因的早期表达，体现了中华民族最深沉的精神追求，是中华民族求生存、谋发展的生机和活力所在，是流淌在中华民族血液里的精神基因，也是区别于其他民族的独特精神标识。

中国共产党自成立以来就把为中国人民谋幸福、为中华民族谋复兴确立为自己的初心使命，团结带领中国人民浴血奋战、百折不挠。土地革命战争时期，党突破围堵创立了第一个农村革命根据地——井冈山革命根据地，开辟了中国革命以农村包围城市、武装夺取政权的光辉道路，形成了"坚定信念、艰苦奋斗、实事求是、敢闯新路、依靠群众、勇于胜利"的井冈山精神。抗日战争时期，面对敌人的残酷"扫荡"和包围封锁造成的严重困难，陕甘宁边区军民在党的领导下积极开展大生产运动。八路军第359旅奉命开赴南泥湾垦荒，在"一把镢头、一支枪，生产自给保卫党中央"的口号下艰苦奋斗，把一个荒无人烟的南泥湾，变成了"陕北的好江南"，创造了"自力更生、艰苦奋斗"的南泥湾精神。历史证明，具有自强不息精神基因的中国人民正是在党的领导下，实现了自身解放和民族独立。

"文化大革命"结束以后，在党和国家面临何去何从的重大历史关头，党的十一届三中全会作出把党和国家工作中心转移到经济建设上来、实行改革开放的历史性决策。邓小平同志提出，"中央可以给些政策，你们自己去搞，杀出一条血路来"，深圳的拓荒者们正是在党的领导下，冲破束缚，从蛇口工业区建港填海的"开山第一炮"到全国土地拍卖第一槌，一代又一代的特区人诠释了"敢闯敢试、敢为人先、埋头苦干"的特区精神，创造了一个又一个中国奇迹，为全国改革开放和社会主义现代化建设作出了重大贡献。习近平总书记在深圳经济特区建立40周年庆祝大会上要求，在新起点上，经济特区要永葆"闯"的精神、"创"的劲头、"干"的作风，努力续写更多"春天的故事"！

在不同的历史阶段，相似的"将大绳一头固定到山顶，一头系在腰间，悬在半空中作业"的画面，展现了中华民族自强不息精神基因的传承创新，也是中华民族求生存、谋发展的精神密码。

二、新时代、新征程要求传承自强不息精神基因

全面建设社会主义现代化国家,必须建设社会主义文化强国。中华优秀传统文化是中华民族的突出优势,是我们最深厚的文化软实力。在新的历史起点上继续传承自强不息精神基因,推动文化繁荣、建设文化强国、建设中华民族现代文明,为中华民族伟大复兴提供自信自强的精神力量,这是新时代赋予我们的新的文化使命。

统筹国内、国际两个大局需要我们传承自强不息精神基因。党的十九届五中全会指出,全党要着眼于中华民族伟大复兴战略全局和世界百年未有之大变局。此外,习近平总书记在《更好把握和运用党的百年奋斗历史经验》中指出,"当代中国正在经历人类历史上最为宏大而独特的实践创新,改革发展稳定任务之重、矛盾风险挑战之多、治国理政考验之大都前所未有,世界百年未有之大变局深刻变化前所未有,提出了大量亟待回答的理论和实践课题。"历史告诉我们,中国人民和中华民族从近代以后的深重苦难走向伟大复兴的光明前景,从来就没有教科书,更没有现成答案。近代以来的中华民族发展史、百年党史、中华人民共和国史、改革开放史充分证明,在中国共产党的领导下,将马克思主义基本原理与熔铸自强不息精神基因的中华优秀传统文化相结合,是我们得以成功的重要经验。

坚持和发展中国特色社会主义要求传承自强不息精神基因。中国特色社会主义是改革开放以来党的全部理论和实践的主题。党的十八大以来,关于党的全部理论和实践探索都是围绕坚持和发展中国特色社会主义来展开、深化和拓展的,中国特色社会主义是实现中华民族伟大复兴的必由之路。习近平总书记强调,如果没有中华五千年文明,哪里有什么中国特色?如果不是中国特色,哪有我们今天这么成功的中国特色社会主义道路?我们走的中国特色社会主义道路,它内在的基因密码就在这里,有中华优秀传统文化这个基因。中华民族历史上经历了起起伏伏和众多挫折,正是血液中的自强不息精神基因,造就了中华文明突出的连续性,为我们坚持和发展中国特色社会主义提供了重要的基因密码和优势。

三、以自强不息精神基因筑牢现代文明基石

习近平总书记在文化传承发展座谈会上从党和国家事业发展全局战略高度,对

中华文化传承发展的一系列重大理论和现实问题作了全面系统深入的阐述，习近平总书记的系列讲话为新时代以自强不息精神基因筑牢现代文明基石提供了明确指导。

首先，讲话明确了主体，即"谁来做"的问题。纵观历史，国家民族发展的未来属于青年，一个民族只有寄望青春、永葆青春，才能兴旺发达。中国共产党历来重视青年工作，重视对青年的培养。习近平总书记参观考察红旗渠时强调，要用红旗渠精神教育人民特别是广大青少年，社会主义是拼出来、干出来、拿命换来的，不仅过去如此，新时代也是如此。红旗渠总干渠咽喉工程青年洞，在红旗渠修建过程中，曾是施工建设最艰巨的地段，由300名青年组成的突击队，经过1年5个月的奋战，将地势险要、石质坚硬的岩壁凿通成了输水隧洞。习近平总书记参观考察时指出，年轻一代要继承和发扬吃苦耐劳、自力更生、艰苦奋斗的精神，摒弃骄娇二气，像父辈一样把青春热血镌刻在历史的丰碑上。

其次，讲话赋予了新内涵。优秀传统文化是一个国家、一个民族传承和发展的根本，优秀传统文化要与现实文化紧密结合，才能在继承中发展，在发展中继承。传承中华民族奋斗不止、自强不息的精神，要在新时代现代文明建设中赋予其新的时代内涵。习近平总书记指出，中华优秀传统文化有很多重要元素，共同塑造出中华文明的突出特性，即连续性、创新性、统一性、包容性、和平性。新时代建设现代文明应以此为遵循，突出文明的互鉴互赏、学习借鉴、互相成就，为自强不息注入自强而不封闭、自强而不自大、自强而不逞强、自强而不自傲等内容，坚定文化自信，坚持走自己的路，以实现中国式现代化进程中的独立自主。

最后，讲话指明了路径。习近平总书记在文化传承发展座谈会上指出，在五千多年中华文明深厚基础上开辟和发展中国特色社会主义，把马克思主义基本原理同中国具体实际、同中华优秀传统文化相结合是必由之路。这是我们在探索中国特色社会主义道路中得出的规律性认识，是我们取得成功的最大法宝。同时，总书记也提出"第二个结合"，这是我们党对马克思主义中国化时代化历史经验的深刻总结，是对中华文明发展规律的深刻把握。讲话为建设现代文明提供了路径指导，广大青年应立足新时代中国社会的伟大变革，坚定不移听党话、跟党走，掌握好马克思主义这个看家本领，推动马克思主义基本原理同中华优秀传统文化相结合，怀抱梦想又脚踏实地，敢想敢为又善作善成，做有理想、敢担当、能吃苦、肯奋斗的新时代好青年。

6 赴红旗渠、西柏坡研修心得

马克思主义学院　廖泽香

2023年7月13—18日，我参加了学院组织的赴西柏坡和红旗渠的研修班，通过参加专题讲座、现场参观等方式，感受革命先辈战天斗地的伟大精神，这次研修令我受益匪浅，总结起来主要有以下三方面的收获。

一是得到精神上洗礼，理想信念更加坚定。在河南省林州市（原林县），有关红旗渠及其时代价值的专题教学和现场教学，使我对自力更生、艰苦创业、团结协作、无私奉献的红旗渠精神有了更直观深刻的认识。习近平总书记在关于红旗渠精神的讲话中提到，社会主义是拼出来、干出来、拿命换来的。正是因为有着坚定的理想信念，当年修建红旗渠的人们才会有如此的拼劲和干劲，这才给我们留下了红旗渠精神这笔宝贵的精神财富。习近平总书记在学校思想政治理论课教师座谈会上提到，要让有信仰的人讲信仰。我认为，此次研修对于每一名思政课老师来说，都是一个不断坚定自己信仰的过程。我们这些80后、90后，是在改革开放以后出生和成长起来的，与先辈相比，其实没有吃过太多的苦。然而宝剑锋自磨砺出，梅花香自苦寒来。这次研修活动能够很好地锤炼我们的意志，坚定我们的信念。

二是理论联系实际，发挥思政课立德树人的重要作用。走进西柏坡，我们看到了以毛泽东同志为代表的老一辈革命家是如何在最简陋的农村指挥部，指挥了著名的三大战役。之前在课堂上给学生讲三大战役时，我都会提到，淮海战役的胜利是老百姓用手推车推出来的，这次在西柏坡纪念馆参观过程中，我们看到了当年支援前线所用的小推车，也再次感受到党的群众路线在三大战役，特别是在淮海战役中所发挥的重要的作用。在塔元庄，我们参观学习了村企银合作的乡村振兴"同福模式"，看到了塔元庄用产业带动乡村发展的实践探索。作为思政课教师应该通过读万卷书、行万里路的方式，把书本上的理论跟我国的国情、中国特色社会主义建设的实践紧密结合，在课堂的讲授当中引导学生回顾走过的路，不忘来时的路，继续走好前行的路，坚定不移听党话、跟党走，从而更好地发挥思政课作为落实立德树人根本任务的关键课程的重要作用。

　　三是为人师表，争做令党和人民满意的"四有"好教师。百年大计，教育为本。教师是立教之本、兴教之源。党的十八大以来，习近平总书记站在党和国家事业发展薪火相传、后继有人的战略高度，为新时代教师队伍建设指明前进方向，对教师工作提出"有理想信念、有道德情操、有扎实学识、有仁爱之心"的要求。我认为作为教师，首先要传承和发扬红旗渠精神和西柏坡精神，刻苦学习、砥砺品格。教师不能只做传授书本知识的教书匠，而是要成为塑造学生品格、品行、品位的"大先生"。其身正，不令而行。老师对学生的影响不仅在于言传，更在于身教。自觉坚守精神家园、坚守人格底线，带头弘扬社会主义道德和中华传统美德，以自己的模范行为影响和带动学生，学生方能以师为镜。好老师要做到授业解惑、培基铸魂。成为学生的"源头活水"，勤于学习、善于学习、充实自我，是成为一名优秀教师的基础。把精妙的理论变成浅显易懂的道理，培养学生观察分析和解决问题的能力，引导学生树立正确的理想信念，形成正确的思维方法，使学生终身受用不尽，是一名优秀教师能力的体现。作为一名教师，要积极探索新时代教育教学方法，不断提升教书育人本领，为培养德智体美劳全面发展的社会主义建设者和接班人作出更大贡献。

7 探寻中国精神的源头，感悟新时代的思政课教育

马克思主义学院　钟映荷

作为一名思政课教师，在2023年7月13—18日，我有幸参加了为期六天的西柏坡和红旗渠的研修之旅，这次实地考察给我留下了深刻的印象，使我在教育观念和教学方式上受到了巨大的启迪。在这次研修中，我不仅领略到了中国革命历史的壮丽画卷，更深刻理解了红旗渠精神所蕴含的深厚内涵。我将在下文中分享此次学习中的收获和感悟。

一、追寻革命的足迹

（一）重温红旗渠精神

红旗渠是中国人民自力更生、艰苦创业的伟大实践。为了更好地了解红旗渠精神，我们先是进行了专题学习，集体参加专题讲座《红旗渠精神及其当代价值》和音像教学《巍峨山碑·杨贵篇》活动，让我更加了解红旗渠精神的历史渊源。红旗渠是中国在20世纪60年代修建的一项人工水利工程，旨在解决林县（今林州市）及周边地区干旱缺水的问题。虽然当时条件非常艰苦，但修建者们坚定信念、努力奋斗，最终克服了重重困难，成功完成了这项伟大的工程。

红旗渠精神主要体现在以下几方面。

一是自力更生和自强不息。面对困境和困难，红旗渠的修建者们没有依赖外部帮助，而是依靠自己的智慧勤劳和努力，凭借一腔热血和坚定信念，不断克服困难，努力改造生活环境。二是集体主义和团结协作。红旗渠的修建离不开数以万计的志愿者和工人，他们坚定意志信念，相互支持和帮助，齐心协力完成了这项艰巨任务。三是为人民服务的精神。红旗渠的修建是为了改善人民的生活环境和解决干旱缺水的问题。修建者们始终把人民的利益放在首位，为了人民的福祉，他们不怕艰辛，义无反顾地投身于这项工程。

在现场教学中，付老师给我们讲了红旗渠精神的形成过程，讲了当时建设红旗渠遭遇到的困难，20世纪60年代初的建设条件极其落后，"一锤一钎一双手""一颗红心两只手"，红旗渠就是靠每个参与建设的施工人员一下一下凿出来的。"十万大军战太行"，当时林县共有60万人口，第一次报名参与建设的就有10万人，占总人口的六分之一。但实际参与红旗渠建设的人足有30万之多。"有理想、有追求、有奔头"，大家团结一致，誓把红旗渠建成，这是当时林县人民的真实写照。红旗渠精神是中国革命精神和奋斗精神的重要体现，展现了中国人民在困难条件下自力更生和奋发图强的精神风貌。这种精神一直被传承和弘扬，激励着中国人民在现代化建设中努力奋斗，追求国家繁荣和人民幸福。在这片曾经的艰苦山区，我体验到了当年建设红旗渠的艰苦卓绝，感受到了自力更生和艰苦奋斗的强大力量。

在现场参观教学过程中，我们回顾当年修渠历程，其中，一个与林县人民自力更生精神相关的真实故事，让我特别受感动。

在红旗渠的修建过程中，由于施工条件恶劣，人力物力的供给十分匮乏，林县人民想方设法采取了许多创造性的解决方案。其中，最为著名的就是他们制造了"木桩驮"来运送水泥。当时，由于受交通条件的限制，无法直接将水泥运送到断头沟，但水泥是建设红旗渠不可或缺的建筑材料，修建者们面临着巨大的困境，他们需要找到一种创新的方式运送水泥。在绞尽脑汁之后，他们发明了"木桩驮"。他们将木桩雕制成长腿状，利用木桩的特性，扛起水泥袋后像驮子一样慢悠悠地前进，通过这种简易的方式将水泥顺利地运送到需要的地方。这一创造性的解决方案不仅解决了运输问题，还展示了劳动人民自力更生的智慧和创新能力。

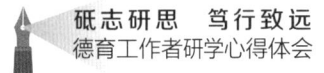

（二）感悟西柏坡精神

站在西柏坡这片圣地，我了解到中国革命伟业的光辉，感受到了中国共产党的初心和使命始终牵引着我们走向未来。在现场的参观教学中，我能体会当时条件的艰苦，以及老一辈革命家们在革命事业中所承受的种种考验。

其中，有一个关于周恩来总理在西柏坡发动群众种树，全面治理沙漠化的故事令我感动。当时的西柏坡是一片贫瘠的土地，沙尘弥漫，非常不宜农耕。为了改变这个状况，周恩来总理亲自带头发动群众植树造林，掀起了一场治理沙漠化的热潮。他不仅在西柏坡历史悠久的国营林场坡地上号召群众广泛参与，还鼓励各级领导干部积极投身造林种树行动。这一举措极大地改善了西柏坡的生态环境，也为当地农民开辟了增加收入的途径。

另一个有关周恩来总理在西柏坡坡地上组织百姓建造灌溉系统的故事令我印象深刻。当时，西柏坡的灌溉设施非常简陋，严重制约了农田产量和农民生活。为了改善这个状况，周恩来总理亲自深入田间指导修建新的灌溉设施。他在田间顶着风沙，与群众一起奋斗，向他们传授水利知识，亲自参与沟渠的修筑工作。通过大家的共同努力，西柏坡的农田得到了有效的灌溉，农作物的产量也大幅提高。

这两个故事充分展现了周恩来总理在西柏坡时的精神风貌和领导力。他不仅亲自参与到实际工作中，也善于发动群众，带领大家一起努力，从而取得了令人瞩目的成就。

二、将红色精神融入新时代的思政课教育

（一）培养自强不息、团结协作及为人民服务的意识

培养学生自强不息、团结协作及为人民服务的意识是思政课教育的重要任务。红旗渠建设者的自力更生的品质不仅可以激发学生的自主创新和自强不息意识，更为他们的未来发展奠定坚实基础。与西柏坡精神一脉相承的团结协作集体主义精神，对于培养学生的团队合作能力和集体意识具有重要借鉴意义。

同时，在西柏坡和红旗渠的建设实践中，无私奉献、为人民服务的思想深入人

心，以人民的需求为已任的信念代代相传，激励着一代又一代人。在思政课上，我们要将这种担当精神传递给学生，使他意识到，学习知识不仅仅是为了个人的发展，更是为了推动社会的进步和增进人类福祉。思政课教育应当注重培养学生的为民造福的情怀和担当精神，通过教育培养出既有个人奋斗精神，又具备团队协作能力和为人民服务意识的新时代青年，为社会的发展和进步贡献力量。

（二）坚定信念与不言放弃的品质

中国共产党的奋斗历程以及红旗渠建设者坚忍不拔的精神都体现了中国人面对困难和逆境坚守信念、不言放弃的品质。学习这种品质，对于培养学生的意志力和坚毅精神具有重要启示。本次研修中听到的两则故事就很适合用于案例教学。其中一则故事的主人公是一位叫王凤仪的农村妇女，她在建设红旗渠的过程中遇到了很多困难，但她从未放弃。在建设红旗渠时，为了方便运输石料，王凤仪曾多次自告奋勇，背着石头翻越了崇山峻岭。坚定的信念使她在困难面前毫不动摇，她始终相信她所做的工作意义重大，最终克服千难万险完成了任务。

另一则故事的主人公是李贞兰和李贞秀两姐妹，她们是两位年轻的农村姑娘，在红旗渠的修建过程中，她们每天从清晨一直干到夜里，有时甚至通宵达旦不眠不休。她们不畏严寒酷暑，不怕艰难困苦，不断超越自我，为"人工天河"的建造成功作出了突出贡献。她们的坚持和顽强精神成为红旗渠建设中的亮丽一笔，激励着身边的人们共同奋斗。

像这样动人的故事，更能让学生如身临其境般深刻体会修建红旗渠的艰难，为其健康成长树立一个个鲜活的榜样。通过这次研修，我深刻认识到西柏坡精神与红旗渠精神是中国精神的瑰宝，也是丰富的新时代思政课教育资源。将这种精神融入思政课的教学中，不仅可以更好地引导学生树立正确的人生观和价值观，也能够让他们更加深入地了解中国的历史和文化，进一步明确自己的人生方向和责任。

在今后的思政课教学中，我将充分利用这些宝贵的学习心得，将西柏坡精神和红旗渠精神注入课堂中，让学生感受到中华民族伟大复兴的历史使命和责任，激励他们为实现中国梦而努力奋斗。

8 补足精神"钙",
讲好思政课

马克思主义学院　侯进炳

炎炎夏日,热浪高温犹如我们火热的心情。我们带着敬仰之心,跨越千山万水从广东广州来到河南林州(原林县)和河北西柏坡实地走访学习红旗渠精神和西柏坡精神。作为中国共产党人精神谱系的重要组成部分,红旗渠精神和西柏坡精神生动地展示了我们党领导人民在革命和建设年代中的强大精神力量。此次研学之旅,我们通过实地走访革命遗址、聆听革命事迹以及参与现场教学等方式,深入了解了红旗渠精神和西柏坡精神,这不仅增进我们对党的认识,而且进一步坚定了我们的理想信念,激发担当作为的干事热情。

一、纸上得来终觉浅,绝知此事要躬行

读万卷书不如行万里路。以前我们更多是从课本和荧幕上了解党史,此次研学之旅,让知识走出了课堂、让历史照进了现实。当我们走着革命先烈走过的路、看着革命先烈用过的文物时,我们的内心感受到前所未有的震撼。这种感受与从阅读历史书或者观看影视剧带来的感受不一样。犹如在错位时空中进行的一场心灵对话,他们仿佛亲自重现着那段历史,来告诉我们信仰是什么。例如在西柏坡研学的时候,我们见识到了夺取革命胜利前夕我们党一如既往的谦虚谨慎;在红旗渠研学的时候,我们见识到党领导人民战天斗地建设祖国的信心和热情;在参观谷文昌纪念馆的时

候，我们见识到了党员干部的坚强意志和为民情怀。正如习近平总书记所说，"江山就是人民，人民就是江山。""人民是我们党的力量源泉，我们党根基在人民、血脉在人民，必须把人民放在心中最高位置，始终以百姓心为心。"为人民服务是贯穿我党百年奋斗历程的一根红线。抓住这根红线我们不仅可以了解过去和现在，还可以指向未来，坚定历史自信、增强历史主动。

二、为有牺牲多壮志，敢教日月换新天

历史是最好的教科书，通过走访革命遗址、聆听精彩党课、重温入党誓词，我们进一步感受到党的初心和使命，深刻领悟中国共产党一心为民的初心使命始终如一。无论是在革命年代依靠人民夺取新民主主义革命的胜利，还是在建设年代发挥人民主体的积极性和创造性开展社会主义现代化建设，党始终坚守为民初心。在新民主主义革命胜利的前夕，党中央迁到了西柏坡。在西柏坡期间，党和军队与人民心连心，携手粉碎了国民党反动派的统治，为建立中华人民共和国奠定了坚实基础。在河南林县，基层党组织领导当地人民以"愚公移山"的精神开凿了红旗渠，解决了林县人民几百年来的饮水问题。

作为一名共产党员，我们既感到使命光荣，也认识到责任重大。党领导全国各族人民奋斗了一百多年，让中华民族实现了从站起来、富起来到强起来的伟大飞跃。今天我们步入了中国特色社会主义新时代，在这里，机遇与挑战并存，为了应对这些挑战，我们需要坚定理想信念，敢于斗争、善于斗争，战胜一切的困难和险阻。通过此次研学活动，我们进一步感悟了革命精神，不断汲取精神力量，决心积极开拓进取，为全面开启社会主义现代化国家新征程，实现中华民族伟大复兴而努力。

三、赤橙黄绿青蓝紫，谁持彩练当空舞

习近平总书记说："思政课的本质是讲道理，要注重方式方法，把道理讲深、讲透、讲活。"这为我们新时代思政课建设提出了明确的要求。"把道理讲深、讲透、讲活"的前提是我们要有新颖的、贴切的案例素材，而百年党史蕴含着大量的历史素材，值得我们不断去挖掘和提炼。此次研学之旅，我们用脚丈量革命遗址、用心感

悟革命精神，沉浸式的学习不仅让我们的信仰更加坚定，也让我们积累了不少鲜活的革命故事，可将其作为思政课的教学素材。思政课堂上，我们可以通过讲述这些平凡的人物故事，展现党的崇高理想和纯洁信仰。

有了新颖的鲜活的素材，我们还需要不断探索新的教学方法。通过此次研学，我们了解到在思政课教学中，一方面可以通过情景再现，增加视觉冲击力，使学生感兴趣，促使学生自主了解相关革命故事的前因后果；另一方面可以通过邀请革命前辈或者他们的后代在课堂讲述革命事迹，增强信仰的感染力。只有这样化"被动"为"主动"，我们才会吸引更多的学生，将思政课打造为真正的思政金课。

四、结语

思政课是培养学生成长成才的关键课程，我们要在学生心里埋下真善美的种子，引导学生扣好人生第一粒扣子。办好思政课，关键在教师。思政课教师务必要按照政治要强、情怀要深、思维要新、视野要广、自律要严和人格要正的标准严格要求自己。

参加研学有利于提升广大思政课教师的综合素质，有利于打造思政金课。首先，对思政课教师素质的提升体现在通过实地走访革命遗址，深入了解党的历史，使教师们进一步坚定理想信念上。正如习近平总书记强调的"让有信仰的人讲信仰"那样，思政课教师要坚定马克思主义信仰，心里装着人民，做信仰的传播者。其次，体现在通过现场教学吸取先进经验，提升思政课教师的教学方法上。最后，体现在通过学习先进人物事迹，让思政课教师先学一步学深一层，实现内化于心外化于行，从而用高尚的品格感染学生，用深厚的学识吸引学生。

综上所述，研学的意义应该是全面提升思政课教师的综合素养，办好思政课，落实好立德树人这一根本任务。

9 红旗渠精神融入高校思政课的路径启示

马克思主义学院 崔子洋

伟大的理论来源于伟大的实践,伟大的事业彰显伟大的精神。20世纪60年代的河南安阳林县(今林州市)人民,在地势险要的太行山上不畏艰险修建出人工天河"红旗渠",并锻造形成了红旗渠精神。这种精神值得我们学习,并继续传承、大力弘扬。把握红旗渠精神,了解其内涵,将其融入高校思政课,拓宽思政课的教学视野,培育有志气、有骨气、有勇气的新时代青年,是高校思政课教师们应当深入思考的主题。

一、红旗渠精神的内涵意蕴

红旗渠精神内涵丰富,很好地彰显了中华民族吃苦耐劳、不畏艰险的优秀品质,也表现出了林县人民的不服输、誓与艰苦环境抗争到底的气概。

(一)"为了人民,依靠人民"的价值导向

红旗渠修建的初衷就是使缺水的林县人民可以不再为水而忧愁。中国共产党代表最广大人民的根本利益,在党的领导下,干部发挥先锋带头作用,广大林县人民积极参与,发挥愚公移山的精神,在地势险要的太行山上苦战近十年开山造渠,惠及人民。"为了人民,依靠人民"是红旗渠精神的根本。

（二）自力更生的斗争勇气

红旗渠于国家一穷二白的大环境下修建，国家能给予的帮助十分有限。在自然条件十分艰苦的情况下，林县人民自给自足，从工具到炸药等都依靠自己发挥创造力生产解决，修建"人工天河"的近八成花销都是林县人民自力更生，自己筹备的。

（三）艰苦创业的优良作风

红旗渠是党和人民艰苦奋斗的结果。在条件艰苦，吃不饱穿不暖的情况下，林县人民靠树叶和水草充饥，睡在悬崖边上，以冰冷的岩石当床，就这样克服困难险阻艰苦创业。在参观时，仅仅是看一眼，就已经让人心惊胆战，很难想象在当时几乎没有安全保障措施的情况下，他们是如何完成这个伟大工程的。但是为了从根本上解决缺水的问题，几代人最终以吃苦为荣，用自己的血肉之躯和汗水描绘了这幅英雄画作。

二、红旗渠精神如何融入高校思政课

红旗渠精神是经过实践检验的伟大精神，是鼓励学生将理论联系实际的鲜活教材，是良好的红色文化，当前正需要以这样的精神使学生更有信仰。我们正处在中华民族伟大复兴的关键时期，红旗渠精神有丰富的育人价值，可以从以下几个方面入手，让高校思政课的内容更加丰富，并使其被学生内化于心、外化于行。

（一）强化理论联系实际

红旗渠精神是经人民实践检验过的伟大精神，是马克思主义中国化时代化理论的新境界。思政教师的内心认同以及理论功底，对红旗渠精神融入高校思政课有着重要的作用。让学生们有机会去实地考察学习，结合老师的理论功底，现场教学可以更好帮助学生接触、了解、理解红旗渠精神，将理论联系实际，不断拓宽学生视野，解决现实中的实际问题，充实红旗渠精神。作为教学的主导者，教师要有极高的舆论分辨能力，对学生能进行正确的舆论引导，坚定学生的政治信仰，坚定文化自信，进而实现教育的教学育人目标。

（二）遵循学生成长规律

教师为主导，学生为主体，思政教师要运用学生更加能接受的教学方式去提升教学效果。当前，随着自媒体的兴起，学生阅读碎片化情况显著，在课上应及时了解学生的需求，可以运用当前最热的短剧形式，吸引学生，寓教于乐，深入浅出，将理论融入其中启发学生思考，提升大学生独立自主思考的能力，以及解决实际问题的能力。

（三）注重精神育人成效

在本次的研学过程中，我感触颇多。解说员对于实际案例生动形象的讲解，使我们对红旗渠修建有身临其境般的体验。修建红旗渠距离之长、难度之大非同一般，在已经修建好的渠边漫步已让人体力难支，可想而知修建当时条件的艰苦。红旗渠精神的育人作用与思政课的育人目标有一些重叠的部分，将红旗渠精神融入高校思政课，是精神的传承，是信仰的传承，符合立德树人的教学目标。拥有良好的道德风尚是新时代青年必备的素养，教师在教学过程中探求内容的连通，以及教学方式和方法的创新，找到合适的契合点，一定可以达到知行合一的思政教育目标。大学生学习红色文化，不再是流于表面的形式主义，是内化于心，外化于行，知行合一的文明风尚。

将红旗渠精神融入高校思政课，从理论到实践，从一个又一个现实的案例到一个又一个为国家艰苦奋斗的有血有肉的先辈们，能更好地引起大学生深入思考，提升自身的知识水平和心理素质以及道德风尚，在实践中提升自己成为新时代有担当的青年。

10 以伟大红旗渠精神引领新时代青年成长成才

马克思主义学院　刘付娟

红旗渠精神，作为中国共产党人精神谱系的重要组成部分，其内涵深远且丰富。青年洞更是中华民族青年不懈奋斗的显著标志。回溯至20世纪60年代，河南省林县（今林州市）人民，在党的坚强领导下，以马克思主义理论和毛泽东思想为指引，发扬坚韧不拔的革命斗争精神，仅凭人力和有限的工具，克服了重重困难，历经九余载的艰苦努力，于太行山的峭壁之上成功引漳入林，铸就了长1500多千米的"人工天河"——红旗渠。

在红旗渠的建设过程中，青年洞的建设尤为关键，其成败会直接关系到红旗渠能否为林县引来甘甜的渠水。然而，该地域地形险峻，石质坚硬，施工难度极大。面对如此困境，300余名男女青年挺身而出，组成青年突击队，他们以"愚公移山"的精神，不畏艰险，展现出了极高的革命斗志。他们苦干巧干，打钎放炮，悬空施工，经过一年零五个月的顽强拼搏，终于凿通了坚硬无比的石英岩隧洞。为了纪念这些英勇的青年们，人们将这座隧洞命名为"青年洞"。

红旗渠精神和青年洞的事迹，不仅代表了那个特殊时期人民的英勇与智慧，更为新时代青年的成长与成才提供了宝贵的文化养分和实践范例。它们激励着新时代的青年们继续发扬奋斗精神，为实现中华民族伟大复兴的中国梦贡献青春力量。

一、中国共产党带领青年发挥先锋模范作用攻坚克难

青年突击队,这一组织诞生于社会主义革命和建设时期,其灵感来源于苏联的青年突击队模式。起初,它只是一个为解决特定工程建设问题而临时组建的团队。然而,随着时间的推移和不断地实践,它逐渐演变成为在承担"急、难、险、重、新"任务时起到关键作用的共青团品牌。

1954年,北京苏联展览馆的建设计划启动,这是一个技术新、难度大、时间紧迫的项目。面对这样的挑战,苏联的援建专家向工地分团委书记介绍了苏联青年突击队的成功经验。受到启发,建筑工地的18名青年团员决定成立我国的第一支青年突击队。他们以团队协作和拼搏精神,成功完成了展览馆的建设任务,展现了青年突击队的力量。

这一成功经验迅速在全国范围内得到推广,青年突击队成为全国青年在社会主义建设实践中面对艰巨任务时的典型组织形式。例如,北京张百发钢筋工青年突击队在第一个五年计划期间,展现了卓越的组织和执行能力,成为全国建筑工业战线上的楷模。同时,广东省中山县新平乡第九农业生产合作社青年突击队也在农业生产中取得了显著成绩。

此外,广大团员青年还自发组织了青年节约队,通过节约和回收物资,为国家建设作出了贡献。来自全国各地的团员青年组成了青年志愿垦荒队,他们奔赴边疆和落后地区,开垦荒地,为国家的农业发展贡献力量。在农村地区,青年生产队积极推广先进的农业技术和经验,带动了农村经济的发展。

青年监督岗则发挥着监督和纠正的作用,帮助党政机关发现和解决工作中的问题。在党的领导下,各级青年充分发挥团员青年的先锋模范作用和突击精神,为发展国家经济、建设社会主义事业作出了积极贡献。通过这些组织的努力和付出,展现了青年一代在社会主义建设中的担当和贡献。

红旗渠总干渠起自山西省平顺县,沿浊漳河南岸蜿蜒穿行,历经500余道山脊与400多条沟壑,穿越50余处高达200米以上的悬崖绝壁,全长1500余千米。红旗渠修建时在狼牙山处受阻,故需挖掘隧洞,但此处岩层多为紫红色、灰白色厚层石英岩、石英砂岩及中厚层至薄层石英砂岩夹页岩。其中,从渠首至青年洞这28千米的渠道尤为艰险。为克服这一"急难险重"的工程挑战,林县特别组建了青年突击

队，由300多名青年男女组成，承担起凿通狼牙山的艰巨任务。他们满怀信心地宣誓："只要我们意志坚定，即使只有双手，也能穿透太行山。"这一关键工程的修建过程，亦经历了当时政治环境的严峻考验。在全国工程普遍面临"停工下马"的背景下，青年突击队与林县干部坚定信念，顶住了政治压力，最终顺利完成了修建任务。最终建成的红旗渠总干渠上的青年洞，是总干渠最长的隧洞，规模宏大，原长616米，高5米，宽6.2米。

青年突击队不仅彰显了红旗渠精神的内涵，更为新时代青年树立了榜样。自"五四运动"以来，中国青年将自己的命运始终与国家和民族的命运紧密相连，在中国革命史和社会主义建设史上均扮演着举足轻重的角色。习近平总书记对青年的突出贡献给予了高度肯定："五四运动以来的100年，是中国青年一代又一代接续奋斗、凯歌前行的100年，是中国青年用青春之我创造青春之中国、青春之民族的100年。"

二、中华优秀传统文化和革命精神是红旗渠精神的源泉和动力

自古以来，中华大地上流传着诸如"盘古开天辟地""女娲补天""夸父逐日""精卫填海""愚公移山"等古老传说，这些传说无不彰显着中华民族自强不息、艰苦创业、勇于斗争的精神风貌。历经数千年的儒家文化，倡导修身齐家治国平天下的理念，忠君、爱国、爱民的儒家思想，为中华民族的道德伦理奠定了坚实基础。屈原、杜甫、文天祥、辛弃疾、鲁迅等文学巨匠的爱国情怀，更是对后世产生了深远的影响。自"五四运动"以来，爱国主义、团结协作、无私奉献等精神被进一步弘扬，成为激励中华儿女前行的强大动力。几千年来，中华优秀传统文化和历史实践的积淀，共同铸就了中华儿女的民族精神内核，为中华民族的繁荣发展提供了不竭的精神源泉。

黑格尔指出，我们在世界所具有的自觉理性，并不是一下子得来的，也不是从现在的基础上生长起来的，而是本质上原来就有的一种遗产。太行山作为中原文化、三晋文化以及燕赵文化三大文化流派的交融与汇聚之地，其在中华文化史上的地位举足轻重，影响深远。被誉为"天下之山"的太行，自古以来便是军事战略的重要据点，其地势险峻，高山峻岭、沟壑交错，使得通行极为困难。林县人民世代生活在这片土

地上，以山为伴，逐步孕育出如"愚公移山"般的自强不息、百折不挠、顽强拼搏、持之以恒的精神。在那个特殊的历史时期，林县人民不畏艰难，以惊人的智慧和坚韧不拔的精神，完成了红旗渠这项伟大的工程，展现了他们征服自然、改造自然的决心和勇气，以及敢于斗争、敢于胜利的精神风貌。

时任林县县委书记杨贵曾说："只要一心为了人民，真心依靠人民，用看得见的利益去动员群众，群众的积极性就会一浪高过一浪。"当时林县的党员干部以身作则，积极担当，勇于奉献，既展现了党员的先进性和领导力，也为全面从严治党提供了宝贵的实践经验。例如，县委书记杨贵即便在工地上饿晕，也坚决拒绝特殊待遇，将稠粥与群众共享，体现了其高尚品质和为民情怀。副县长马有金九年如一日地坚守工地，舍小家为大家，既是指挥员又是战斗员，展现了其坚韧不拔和无私奉献的精神。县委委员王才书，尽管身患重病，仍坚持与群众同甘共苦，共同奋斗在工地一线，彰显了其坚定的信念和顽强的毅力。整个红旗渠的修建，历时近十年，耗资巨大，但党员干部始终坚守纪律，这充分证明了林县党员干部的高度自律和清正廉洁。

在红旗渠总干渠通水25周年之际，林县县委、县政府颁布了《关于宣传、继承和发扬红旗渠精神的决定》，系统地阐述了"自力更生、艰苦创业、团结协作、无私奉献"的红旗渠精神内涵。原林县县委书记杨贵在1998年10月15日的《人民日报》上发表文章，对红旗渠精神进行了深化和拓展，于原有的基础上增添了"为了人民，依靠人民，敢想敢干，实事求是"的核心理念。

2020年4月，习近平总书记在陕西考察时，对延安精神进行了高度概括，指出其核心在于"坚定正确的政治方向，解放思想、实事求是的思想路线，全心全意为人民服务的根本宗旨，自力更生、艰苦奋斗的创业精神"。这一论述，为红旗渠精神与延安精神的关联提供了理论支撑。2022年10月28日，习近平总书记在河南安阳林州市红旗渠纪念馆的考察过程中，再次重申了红旗渠精神与延安精神之间深厚的历史渊源。他明确指出这两种精神"是一脉相承的，是中华民族不可磨灭的历史印记，永远震撼人心。"这一重要论述不仅深化了我们对红旗渠精神与延安精神内在关联的认识，更为我们传承和弘扬这两种精神提供了明确的指引。

三、为人民服务和创新实干是红旗渠精神的核心和要求

毛泽东曾指出:"人民,只有人民,才是创造世界历史的动力。"在林县解放前,全县98.5万亩耕地中,水浇地仅占1.24%,由此可见当地水资源之匮乏。当地流传的歌谣"家住在山间,用水真作难;担水要翻山,吃水似油盐"便生动描绘了老百姓生活的艰辛。据《红旗渠志》记载,自明朝正统元年(1436年)至1949年中华人民共和国成立,林县历经300多年的干旱,其中大旱就持续了100多年,并遭受了百余次较大的自然灾害,其中38次导致严重歉收,甚至出现了五次"人相食"的惨状。

数千年来,林县人民一直饱受缺水的困扰,在山区,许多群众因缺水而难以维持日常生活,当地卫生条件恶劣,疾病频发,且医疗资源匮乏令病患难以得到医疗救治,导致当地求神拜佛盛行。缺水还严重制约了林县的经济、文化和社会发展,工业建设几乎停滞,婚姻问题也成为山区群众的重大困扰。据统计,从元代至中华人民共和国成立前,林县就有50余处引水渠的建设记载,但都没有取得成功。面对这一严峻形势,林县县委、县政府在中华人民共和国成立后,深刻认识到解决水资源问题对于改善林县人民生存条件的重要性,下决心兴修水利。

在毛泽东思想的指导下,林县县委、县政府动员全县人民大力开展以打旱井、修渠道、挖池塘、引山泉为中心的兴修水利工作。自1950年起,林县县委便带领全县人民投身于山区建设。为了科学规划水利建设,县委领导多次在严寒的冬季翻山越岭,勘测浊漳河的发源地及季节流量等数据。在严谨的数据分析和广泛求证的基础上,最终决定实施"引漳入林"工程,这一壮举重新安排了林县的山河,为林县的未来发展奠定了坚实的基础。

在兴修水利的过程中,林县人民展现出了惊人的智慧和毅力。他们凭借自力更生的精神和艰苦创业的智慧,自行进行勘测、设计、施工;在没有专业设备和工具的情况下,他们仅凭钻头和锤子挖掘石头,用肩膀和双手将工具和材料搬运到施工现场;在没有石灰的情况下,他们采用土法制备;在粮食短缺的情况下,他们以野菜树皮充饥。林县人民的历史就是一部与恶劣生存环境斗争、不断兴修水利的历史,为后来的红旗渠建设奠定了坚实的精神基础。

在红旗渠的建设过程中,林县提出了"自力更生为主、国家扶持为辅"的发展策略,坚决摒弃依赖思想,立足本地资源和群众力量,积极应对各种挑战。林县人

民既注重成本控制，又追求工程质量，从领导到普通民工，都积极发挥聪明才智。采用"具体问题具体分析"的方法，革新了石灰烧制技术，自制了土炸药、简易水平仪、土吊车等工具和设备，创造了多种爆破技术，并设计了"空心坝"和桃园渡槽等创新方案，成功解决了渠水与河水、洪水交叉以及通水通车等难题。

据历史记录，红旗渠建设的数年间，林县人民展现了惊人的自主能力和创造力。他们自筹了金额高达5839.66万元的资金，占总投入的85.06%。同时，他们还自备了工具31万件，自制了炸药1215吨、水泥5170吨、自烧石灰14.5万吨，通过这些举措，成功节省了1293.92万元的经费。林县人民以不屈不挠的精神，逢山钻洞、遇沟架桥、建槽凿洞，削平山头1250座，修建各类建筑物12 408座，挖砌土石方2225万立方米，最终筑就了千里长渠，彻底解决了长期缺水的历史问题。

这近十年的修渠历程，不仅为林县培养了数万名技术精湛的工匠，也为林州市的后续发展奠定了坚实的基础。现在他们立志以红旗渠精神继续谱写"美太行"和"福太行"的新篇章。

四、继承和弘扬红旗渠精神是新时代青年的责任使命

每一个时代都有其独特的主题，每一代人都有其特定的使命与担当。在新时代的征途上，青年们需怀抱对祖国的热爱和认识世界的广阔视野，积极投身到国家的建设与发展中，展现无私的奉献精神。

红旗渠青年典范的事迹，不仅仅是一段段感人至深的故事，更是一种精神的传承和发扬。他们用自己的行动，传递了新时代青年的正能量和积极向上的精神风貌。他们的事迹，将激励更多的青年投身到社会建设和发展的伟大事业中，为实现中华民族伟大复兴的中国梦贡献自己的力量。红旗渠精神的继承与弘扬，对青年们坚定价值取向、理想信念，增强"四个自信"具有重要意义。在面对各种矛盾与困难时，青年们应敢于直面挑战，勇于斗争，善于斗争，勇于承担责任。红旗渠精神所蕴含的爱国主义精神、改革创新精神、工匠精神、劳模精神和劳动精神，正是新时代青年成长成才所必需的精神品质。

11 感悟红旗渠精神，践行使命担当

马克思主义学院　林绮婷

2023年7月13—18日，我有幸随学校德育工作者队伍前往河南林州（原林县）红旗渠、河北石家庄西柏坡，参加"二十大精神进校园，队伍协同育新人——赴西柏坡+红旗渠研修班"，怀着期待一路北上，带着收获满载而归。

此行首站来到了20世纪60年代河南林县人民用近十年时间建造的"人工天河"——红旗渠所在地，参加了《红旗渠精神及其当代价值》专题讲座和《巍峨山碑·杨贵篇》音像教学，参观走访红旗渠纪念馆，身体力行走"水上长城"，观摩红旗渠的重点咽喉工程青年洞等活动，昔日那一幅幅披荆斩棘、开山破石的画面在我眼前浮现，那一声声敲打山石的声音在我的耳边回荡，红旗渠的故事让我内心深受震撼、感动和激励。"自力更生、艰苦创业、团结协作、无私奉献"的红旗渠精神带给我以下感悟。

一、引漳入林县，欲解代代旱

红旗渠是20世纪60年代河南林县人民在极其缺水、条件艰苦的情况下，沿着太行山修建的巨大引水工程。时任县委书记杨贵为了让林县人民吃上水，带领勤劳勇敢的林县人民在极端艰苦的条件下，苦战近十个春秋，仅仅靠着一锤、一铲、两只手，在太行山悬崖峭壁上开凿长达1500多千米的渠道，引漳入林。

所谓引漳入林，就是从山西省平顺县境内，穿山绕岭把漳河水引到林县境内的分水岭。这段总干渠全长70.6千米，自1960年2月开工，至1965年4月5日通水，历时五年；而后，从1965年4月到1969年7月，又用了近五年时间把引到分水岭的漳河水输送到林县各个乡镇的干渠、支渠、斗渠。林县人民经过近十年的奋斗，在削平了1250座山头、凿通了211个隧洞、架设了151个渡槽、修建了12 408座各种建筑物之后，终于建成了这条全长1500多千米的"人工天河""水上长城"，铸就了"世界第八大奇迹"。在研修班上，听着红旗渠的故事、看着红旗渠纪念馆的陈列、亲身走进青年洞时，每一名学员都被深深地感动，甚至热泪盈眶。

红旗渠的建成，彻底改变了林县人民世世代代贫穷缺水的命运，由此孕育出的红旗渠精神更是伟大。在中国共产党的领导下，林县人民用了近十年时间创造了一个人间奇迹。修渠人民不畏艰难险阻不惧流血牺牲，不向命运低头，最终在悬崖峭壁上开凿出震惊世界的红旗渠，铸就了"自力更生、艰苦创业、团结协作、无私奉献"的红旗渠精神，这是对生命意义的讴歌、对英雄主义的礼赞，更是民族文化的体现。

二、精神代代传，吾辈记心间

习近平总书记曾经说过："红旗渠精神是我们党的性质和宗旨的集中体现，历久弥新，永远不会过时。"

"自力更生、艰苦创业、团结协作、无私奉献"的红旗渠精神虽然不过是16个字，可是当将它们和我们在红旗渠纪念馆里看到的陈列品联系在一起、和我们在青年洞和分水岭看到的景色联系在一起、和我们看到的纪录片联系在一起时，红旗渠精神就具象化了，它是林县人民用近十年时间留给我们的精神财富。它影响着一代又一代的人，除了"人工天河"带来的无比震撼，更触动我的是信仰的力量、人民群众的力量。

作为一名年轻人，这些故事和精神引发了我的深思和反省，我们这一代年轻人多数从小在呵护中长大，在父母的保护下从上学到工作，没有吃过什么苦，因此，对于我们处在物质丰富、科技发达时代的这一代人来说，到底需要学习红旗渠精神中的什么呢？通过这一次实地研修，我找到了答案。

（一）自力更生、艰苦创业是核心

1960年，红旗渠开始动工，当时正处于国家经济困难时期，向政府申请拨款几乎不可能。技术层面也面临巨大挑战，全县水利技术人员仅有28人，最高学历为中专毕业。在这样的技术条件下，仅凭这28人和2台水平测试仪，要完成这么庞大的水利工程几乎是不可能的。然而，面对重重的困难、艰苦的条件，林县人民没有退缩。在杨贵书记的带领下，红旗渠按计划开工。他们没有测量仪，就自己运用土办法制造测量仪；没有炸药，就自己配制；没有住处，冬天就住在天寒地冻的悬崖峭壁间的山洞里。

我们现在所处的环境远比修渠时期优越，正因如此，自力更生、艰苦创业的意识反而变得淡薄了。在工作、学习中遇到困难时，我们有的时候第一时间想的不是如何独立解决，而是想要寻求别人的帮助。这样一次又一次寻求外力之后，我们可能就失去了独立处理问题的能力，再也无法闯出自己的一片天地。因此，在日常生活和工作中我们要充分发扬立足本地、依靠自身的自力更生精神，以及战天斗地、百折不挠的艰苦创业精神，不断提升自我、成就自我。

（二）团结协作、无私奉献是根本

当今社会，任何一个人离开自己所在的组织谈发展都是不现实的，先有团队发展才有个人的发展，团队强大才能使个人有更大的平台。我们每个人都身在一个团队或组织当中，如何让自己所处的团队更强大、如何得到团队成员的认可和接纳，林县广大干部和群众的成功经验为我们提供了一个很好的借鉴，那就是要在团队中团结协作、以身作则、甘于奉献。在团队遇到问题时，每个人都要积极为团队解决问题，放下自己的私心杂念，只有这样才能使自己所在的团队更强大，才能给自己提供更多提升的机会和空间。

联系实际情况，学校现正处于从省域高水平高职院校培育转向建设的关键时期，作为广州科技贸易职业学院大家庭中的一员，每位教职工都需要充分传承和发扬林县人民那份顾全大局、齐心协力的团结协作精神，以及不计得失、不怕牺牲的无私奉献精神。

三、学修渠模范，育时代新人

红旗渠精神对高校德育工作具有重要启示，将红旗渠精神融入德育实践，有助于引导大学生树立远大理想、弘扬奋斗精神、培养奉献意识、锤炼艰苦朴素的品格，以及增强创新意识，使其成为踔厉奋发、堪当大任的时代新人。

（一）红旗渠精神教育当代大学生坚定理想信念

红旗渠精神以杨贵同志为典型，可以让学生学习他矢志不渝地追求共产主义理想，视任务如生命般珍惜，舍小家为大家，在困难面前不退缩的精神。大学生正处在世界观、人生观、价值观形成的关键时期，红旗渠精神可以启发他们坚持真理、坚守正义、坚持理想，不因短期困境和诱惑而动摇方向。学校可以组织学生集中学习红旗渠精神，观看纪录片、邀请老一辈无产阶级革命家讲课、开展主题团日活动等，引导学生树立远大理想，坚定理想信念，在学习和生活中始终保持正确方向。

（二）红旗渠精神激励当代大学生坚持不懈奋斗

修建红旗渠的艰辛历程充分表明，有了坚定理想信念和踏实勤奋的作风，人们才能在严酷环境下创造奇迹。大学是人生发展的关键阶段，红旗渠精神可以激励学生在学习和生活中努力拼搏，面对困难不退缩，以奋斗的精神开拓进取，实现自己的理想和抱负。学校可以根据不同专业的特点，延续红旗渠精神，激励学生在专业学习上扎实刻苦、在科技创新上不断突破。

（三）红旗渠精神引导当代大学生培养奉献精神

红旗渠工程是数十万建设者无私奉献的结果。大学生正处于培养独立意识和社会责任感的关键阶段，红旗渠精神可以唤起他们的奉献情怀。学校应当以此教育学生，在个人发展中要兼顾国家和集体利益，甘于奉献，努力成为有社会责任感和奉献精神的人。学校可以开设红旗渠相关专题选修课，也可以组织学生开展社会实践活动，在奉献行动中感悟红旗渠精神，提高社会责任感。

（四）红旗渠精神塑造当代大学生艰苦朴素的作风

艰苦朴素的作风是共产党员的优良传统。红旗渠修建史就是一部在艰苦条件下的奋斗史。当代大学生生活在物质丰富的时代，没尝试过用水草树叶果腹、用麦秸铺床睡觉的艰辛，红旗渠精神可以时刻提醒他们不沉湎于物质享受，始终保持艰苦奋斗的作风。学校应组织学生到革命旧址接受红色教育，体会老一辈革命者的朴素和无私，从而培养学生艰苦朴素的品质，激励学生扎实工作，甘于吃苦，不怕艰难险阻。

（五）红旗渠精神塑造当代大学生创新意识

近十年的修渠工程，充分展现出在艰苦的条件下，林县人民自力更生、艰苦创业，完成看似不可能的任务的创新和创造精神，这种精神对于当代大学生尤为重要。学校可以通过红旗渠精神，教育启发学生的创新思维，鼓励他们勇于创新，不因条件艰苦而气馁，在学习、工作、创业、科研中积极发扬先辈们的这种创新精神，敢于思考、敢于质疑，在探索实践中努力创新。

12　寻红色记忆，
　　筑教育之梦

马克思主义学院　黄　莹

2023年7月13—18日在学校领导的带领下，我参加了"二十大精神进校园，队伍协同育新人——赴西柏坡+红旗渠研修班"。本次研修班的内容十分丰富，不仅有关于理论知识的专题教学，还有生动的音像教学，更有带学员亲身体验的现场教学，我们前往红旗渠纪念馆、青年洞、富民路、扁担精神纪念馆、西柏坡纪念馆、中共中央旧址、统战部旧址、塔元庄等地，学习了"自力更生、艰苦创业、团结协作、无私奉献"的红旗渠精神、"扁担精神"、谷文昌精神和"实事求是、一心为民、谦虚谨慎、艰苦奋斗"的西柏坡精神。让我感触良多的是在研学中所体悟到的红旗渠精神和西柏坡精神。

"林县人民多奇志，敢教山河换新装。"蜿蜒曲折的红旗渠引漳入林，润泽了林县（今河南省林州市）大地，结束了林县十年九旱、水贵如油的历史，更滋养了中华民族精神的沃土，激励着一代又一代人砥砺前行。我静静聆听林县人民"战太行、出太行、富太行、美太行"的创业历程，感悟林县百姓用智慧与力量写就的辉煌篇章。

长渠如歌犹萦耳畔，高山是碑壮志永存。"自力更生、艰苦创业、团结协作、无私奉献"的红旗渠精神，具有超越时空的持久生命力与强大感召力。这次我们重走红旗渠之路，感悟精神内涵。沿着石壁间陡峭的台阶拾级而上，映入眼帘的便是群山环绕的村庄以及穿山而过的红旗渠，那一刻我更加直观地感受到了红旗渠精神的深刻内涵。"青年洞就是我们的家，红旗渠不修好，我们坚决不下山！"在青年洞旁，我的思绪仿佛被带往20世纪60年代林县人民绝壁穿石、挖渠千里的拓荒现场。铁锤叮当，钢钎铿锵，那是林县人民以渠为弦弹奏的英雄乐章；炮声隆隆，无坚不摧，那是十万百姓拓荒创业的太行绝响。林县人民用手中的铁锤钢钎撕裂干渴的山川，将中华民族的精神旗帜挥舞于太行之巅。习近平总书记指出："红旗渠就是纪念碑，记载了林县人不认命、不服输、敢于战天斗地的英雄气概。要用红旗渠精神教育人民特别是广大青少年，社会主义是拼出来、干出来、拿命换来的，不仅过去如此，新时代也是如此。"

西柏坡，这个位于河北平山县的西部山区小山村，不仅是中国革命历史的重要节点，更见证了"新中国从这里走来"。在这里，党中央完成了进入北平、解放全中国的伟大使命，留下了不朽的丰碑。作为与井冈山、遵义、瑞金、延安齐名的革命纪念地，西柏坡承载着伟大的历史使命和孕育了红色精神。

这个小山村，虽然地处太行山东麓，滹沱河北岸的柏坡岭下，但在中国新民主主义革命中的地位却是举足轻重的。正是在这里，党中央指挥了震惊中外的辽沈、淮海、平津三大战役，推动了中国革命走向新的阶段。而党的七届二中全会，也是在西柏坡召开，为新中国的成立奠定了坚实的基础。

西柏坡精神，是这一伟大历史时期的产物，它体现了实事求是、艰苦奋斗的优良传统，蕴含着与时俱进的进取精神和勇于创新的革命精神。这种精神，不仅是对历史的总结，更是对未来的期许。在新的时代背景下，我们更要传承、弘扬和学习西柏坡精神，坚定"两个务必"的信念，做到"谦虚谨慎、艰苦奋斗、实事求是、一心为民"，为实现中华民族伟大复兴的中国梦而不懈奋斗。

党的二十大报告提出"教育是国之大计，党之大计"，教育是民族振兴、社会进步的重要基石。作为一名教师，我们更应该学习红旗渠精神和西柏坡精神，坚定自己的教育信念。"师者，所以传道授业解惑也"，作为教育工作者，除了要给学生传授知识以外，更要引领广大青年学生坚定理想信念，树立正确的人生观和价值观，锤炼过硬本领，砥砺斗争之志，凝聚奋斗之力，在新时代新征程上奋勇向前，为全面建设社会主义现代化国家奉献青春。同时教育工作者应牢记习近平总书记关于青年一代的希冀与嘱托，帮助广大青年大学生立志将青春热血投入祖国建设事业中，书写属于青年的时代华章。

忠诚于教育事业是教师做好教育工作的前提，教育工作者在传授学生知识时要具备实事求是的态度，严谨细致。同时，要爱岗敬业、廉洁奉公，具备高尚的情操，发扬艰苦奋斗的优良传统。应当时刻记住教育工作者和共产党员的责任和底线，时刻提醒自己慎独、慎行。

陶行知曾说："捧着一颗心来，不带半根草去。"作为教师一定要坚守自己的教育事业，无畏前行，不辜负人民的期望，助力国家培养国之栋梁，共同谱写华美的教育乐章。

13 红色研学对高职心理教师成长的意义与个人心得

马克思主义学院 叶 婷

高职院校心理教师肩负着培养学生身心健康、促进学业发展的重要使命，如何全面提升自身素养、拓宽视野，进而成为出色的心理教育工作者，已日益成为引人瞩目的问题。红色研学作为一种特殊的教育方式，为高职心理教师的成长和课程思政的建设提供了宝贵的学习契机。

通过此次在红旗渠和西柏坡实地参观和学习，我深刻感悟到红色资源的历史底蕴和教育价值，期待未来能将红色精神融入教学实践中，引导学生树立正确的价值观，培养深厚的家国情怀，以期为社会孕育出更多优秀人才。在研学的过程中我们发现，红色研学具有贴近实践、情感共鸣和启发心灵的特点，能使参与者在亲身体验中感悟红色精神的伟大力量。

作为一名高职心理教师，我深感红色研学对我心灵的成长与发展具有深远的意义。一方面，红色研学能极大地增强我的爱国主义情怀和家国情怀，激发我对教育事业的热爱与使命感。另一方面，红色研学还拓宽了我的教育视野，提高了我的教学水平和专业素养。此次红色研学中我的体验与感悟颇多。在此次红旗渠的参观中，我感受到人民英雄的伟大情怀和不畏艰难的奋斗精神。红旗渠是一项艰巨的水利工程，由无数革命先辈在艰苦的条件下进行斗争，克服一个又一个困难，最终得以完成。先辈们无私奉献、艰苦奋斗的精神将激励着我们在教育教学中勇于担当，迎难而上。

在教学实践方面，参观红旗渠使我意识到教育教学需要融入情感教育和红色教育。作为高职心理教师，我深知情感教育对于学生的重要性。要讲好红色故事，把先辈们在艰苦的环境下坚持奋斗的故事讲给学生听，让他们感受家国情怀和社会责任感。通过讲述先辈们的故事和身临其境的体验，可以激发学生对国家和社会的热爱，培养他们有担当、有情怀的精神，使他们成为有责任感的新时代青年。

而后参观西柏坡让我感受到了中国革命者的智慧和家国情怀。在这片红色土地上，毛泽东等革命领袖开展了艰苦卓绝的斗争，不断总结经验、调整战略，最终取得了中国革命的胜利。先辈们坚定的信念和不断学习的态度，对于今天的我们而言仍然具有重要的启示。在西柏坡的参观过程中，我还意识到要不断学习和总结经验，以适应不断变化的教育环境。作为高职心理教师，我们更应不断提升自己的专业素养，更新教育理念，继续探索符合学生发展需求的教学方法，为学生的成长和发展提供更好的指导和支持。

通过此次参观，我深刻认识到教育事业的神圣使命和社会责任。作为教师，我们肩负着培养人才、传承文化的重要使命，我们要激发自己的教育责任感，全身心投入到教育教学工作中，以培养出更多有社会责任感的优秀学生。

通过参加红色研学的培训，我深刻认识到学习是教师职业发展的永恒主题。在实地考察中，我们不仅学习了党的历史和先辈们的智慧，也感受到了红色资源的独特魅力。这种学习体验让我深受启迪，同时更加珍惜自己作为一名高职心理教师所拥有的学习机会。我决心终身学习，不断提升专业素养，以更好地满足学生的需求，推动学生的成长。

参加此次红色研学，我收获颇丰，深刻领悟了红色资源的历史价值和教育意义。在未来的教育教学工作中，我将秉持红色精神，增强爱国主义情怀和教育责任感，不断提高教学水平，培养更多有担当、有情怀的新时代青年，为建设社会主义现代化国家贡献力量。

14　弘扬红色精神
　　传承红色文化

马克思主义学院　李　红

为了深入学习贯彻党的二十大精神，进一步落实立德树人根本任务，构建"大思政"育人格局，发挥思政队伍协同育人功能，全面准确把握主题教育"学思想、强党性、重实践、建新功"的总要求，学习贯彻习近平新时代中国特色社会主义思想，全面领会、准确把握、妥善运用好新思想的基本观念、重要思想和科学体系，2023年暑假学校举办了"二十大精神进校园，队伍协同育新人——赴西柏坡＋红旗渠研修班"，研修时间为2023年7月13—18日，学习课程包括专题讲座、现场教学、音像教学、体验教学。

一、红色研学的意义和目的

红色研学可以使学员深入了解中国近现代历史，深刻领会人民群众的智慧及其在国家建设中起到的重要作用。通过全方位的参观学习和实地体验，学员能够从不同的角度去感受历史事件的发生过程，同时也增强对历史事件的理解和认识。另外研学也可促进同事间的交流和互动，加深对彼此的了解和增进感情。

二、感受红旗渠精神

红旗渠位于河南省林州市（原林县），它是我国一项伟大的水利工程，我在未进行红旗渠研学之前，对其历史背景和意义的了解仅限于文字上，通过现场教学和实地参观学习，我震撼于红旗渠的成果、感动于红旗渠的精神、动容于红旗渠人民的付出。

红旗渠原称"引漳入林"工程，红旗渠的总干渠位于山西省平顺县，当地政府和群众的大力支持和帮助，对于红旗渠建设的成果起着重要作用。建渠之初，正是国民经济困难时期，参与施工人员面临住地、生活及修渠占地、砍树、放炮、崩山等方面的重重困难。山西省平顺县的群众腾出房子、让出耕地、迁移祖坟、毁掉果木，尽最大可能去支援和帮扶林县建渠。红旗渠不只是跨省域的水利工程，它的更大作用是解决林县地区长期面临的水资源短缺以及解决民生用水、农田灌溉等重大问题，是数十万人民分段建渠、修渠的成果。在红旗渠建设过程中涌现出一批批无畏艰苦、无私奉献的英雄人物，他们坚守信念、不忘初心，吃苦在前享受在后，克服重重困难，发挥智慧和毅力，团结协作，致力于建渠、修渠，最终成就了这项伟大的水利工程。红旗渠精神对于团队协作和社会发展具有历史性意义，这些英雄模范和先进典型的工作态度和奉献精神值得我借鉴，他们让我深感敬佩，作为一名党员，我应该积极弘扬这种精神。

三、感悟西柏坡精神

西柏坡位于河北省石家庄市平山县西柏坡镇北庄村。通过参观学习，我深入了解了革命先辈们的奋斗精神和牺牲精神。革命先辈在艰苦的条件下，为了实现中国人民的解放而不懈努力，这种革命精神令人深受鼓舞。在西柏坡，可以了解到毛泽东思想的形成过程及其对中国革命和国家建设的重要意义，从中学习毛泽东思想的丰富内涵和实践指导作用。毛泽东同志在西柏坡指导和领导中国共产党的决策工作时，他的思想和智慧在决定革命路线、制定战略计划等方面起到了至关重要的作用。参观西柏坡让我深刻领悟到在关键时刻发扬敢作敢为、勇于担当、勇于付出等精神的重要性，以及在艰难时刻作出正确决策的影响力。西柏坡精神，让我多了一分谦虚谨慎，少了一些急躁和"躺平"的心态。这种"赶考"精神让我收获敬畏之心，也让我在今后的工作中更加坚定了信念和勇气。

在艰苦的革命岁月中，革命先辈展现出的顽强拼搏、不畏牺牲的精神，对于今天的我而言既是激励也是鞭策。他们奋发努力、坚韧不拔的精神力量，让我更加珍惜当下，并激励我为今后的工作而努力奋斗。

四、领悟红色精神

红旗渠精神，让我了解到水利工程建设的重要性，并深刻地体会到团结合作、敢于勇往直前的宝贵精神。这将促使我在今后的工作中更加注重团队合作，并坚定了我勇于面对和克服困难的勇气。西柏坡精神，给予了我诸多的启示和思考，通过研学我深刻体会到革命历史的伟大，革命先辈们的奋斗精神值得我们去学习和弘扬。在今后的生活和工作中，我更加明确了追求真理、为人民服务的信念和目标，我将继续努力发扬红旗渠精神和西柏坡红色精神，不断反思自己的责任与担当，思考如何在当今时代背景下继续发扬革命精神，为实现民族复兴而努力，为教育工作而努力，为国家繁荣昌盛而努力。

15 不忘初心，
　　 砥砺奋进

学生工作处　司徒巧敏

2023年暑假期间，在学院党委的统一安排下，我有幸参加了"二十大精神进校园，队伍协同育新人——赴西柏坡＋红旗渠研修班"。在整个学习的过程中，我被林县（今河南省林州市）人民倾力修建红旗渠的事迹深深打动。"蓝天白云做棉被，大地荒草当绒毡。高山为我放岗哨，漳河流水催我眠！"60多年前，林县人民在县委书记杨贵的带领下，以"重新安排林县河山"的豪迈气概，苦战近10个春秋，仅仅靠着一锤、一铲、两只手，用鲜血、汗水和生命在太行山的悬崖峭壁上修成了全长1500多千米的红旗渠，滋养了林州大地，也孕育了"自力更生、艰苦创业、团结协作、无私奉献"的红旗渠精神。

伟大的事业铸就伟大的精神。"光岭秃山头，水缺贵如油。豪门逼租债，穷人日夜愁。"描述的就是林县人民过去的悲惨生活，但他们并没有向贫困的生活环境低头，更没有向贫瘠的自然环境屈服。在1960年2月，他们将看似天马行空的"引漳入林"方案付诸实施。他们住山洞、睡窝棚、吃咸菜、啃窝头，凭着不畏艰险、敢想敢干的劲头，奋战在悬崖绝壁之上，拼搏于险滩峡谷之中，逢山凿洞、遇壑搭桥。青年洞、神工铺等一个个响亮的名字就是红旗渠精神的现实体现，渠道上一块块有棱有角、露着道道凿痕的青石就是红旗渠精神的真实写照。红旗渠精神既充满了炎黄子孙开天辟地、战天斗地的豪迈壮志，又体现了中国共产党和人民群众的创造力量；既继承了中华民族的优秀传统文化与高尚品质，又展现了当代中国人民崇高的理想信念和追求。

为了引来一渠水，林县人民生生劈开太行山，爆发出震惊中外的磅礴力量。这种力量与古代官府"征用民力"的劳力是完全不一样的，当时的县委顶住压力、党群一心，即使中途遇阻，也还是坚持将这项伟大事业进行到底。我认为，红旗渠得以建成的根本原因在于这是一项以群众需要为出发点的工程，县委修渠是为群众，群众参与修渠是为自己，这就使得整个红旗渠焕发出不一样的光辉，真正做到了"功在当代、利在千秋"。

在参观红旗渠纪念馆、重走红旗渠水上长城、听取《红旗渠精神及其时代价值》讲座、观看杨贵同志的纪录片时，我深刻感受到"党群一心"。千百年，人民缺水生活苦；生命渠，一朝修成彻底变。在修渠过程中，人民群众表现出强大的创造力和凝聚力。党员干部更是立下铮铮誓言，"哪里困难到哪里去，怕死不当共产党员""只要渠能修好，命我都可以不要""我要奉献自己的全部去修渠，百死不悔"。他们的一言一行闪耀着伟大的人格光辉，令人动容。这一切逐渐形成了"自力更生、艰苦创业、团结协作、无私奉献"的红旗渠精神。精神的力量是无穷的，直到今天，当我们进入林州市境内时，这种无形的力量仍然感染着每一位来到这里的人。当初的干旱使林县人民横下心来修成红旗渠，虽然历经千辛万苦，但再也不受缺水之苦，并且使一代人的思想得到了大解放。整个林县人的建筑水平也因修渠积累下丰富的实践经验而变得高超，改革开放后"十万大军出太行"，创业致富，改善了生活品质。扪心自问，如果没有党的坚强领导，没有优越的社会主义制度，这一切可能实现吗？如果没有这一切，林州人民也许仍在贫困的边缘挣扎。"红旗渠"这个名字有着很明显的时代印记，红旗象征着红心，代表我们共产党人不论何时何地，都怀揣着满腔的为民热情。

在红旗渠最险要的路段青年洞旁，我们怀着激动的心情在党旗下重温入党誓词，这是一份光荣，更是一份责任。"敬业、为民、踏实、奉献"，是此次红旗渠学习给我最深的思考。在今后的工作中，我将秉承爱岗敬业的态度、贯彻为学生成长成才服务的宗旨、发扬踏实肯干的作风、追求无私奉献的精神，时刻与党章对标，以一名共产党员的要求规范自己的言行。

学习红旗渠精神，不忘初心、牢记使命。党的根基在人民，党的力量来自人民，为人民服务是党的根本宗旨。党坚持把人民群众的需求放在首位，紧紧抓住吃水用水这一主要矛盾，领导林县人民开渠挖塘，劈山引水，排解百姓之疾苦。在全面深化改革的进程中，大力弘扬红旗渠精神，有助于强化党员干部的担当意识，厚植为民情怀，摒弃"官本位"特权思想，摒弃不作为的消极观念，破除束缚发展的陈规陋习、体制弊端，不断取得全面深化改革的新胜利。

学习红旗渠精神，砥砺奋进，艰苦奋斗。修建红旗渠的条件十分艰苦，林县人民发扬一不怕苦、二不怕死，自力更生、艰苦奋斗的精神，克服重重困难，建成了"人工天河"。当前，世界多极化、经济全球化深入发展，思想文化交融复杂激烈，我国经济进入新常态，改革发展进入深水区，面临的矛盾风险挑战异常严峻。大力弘扬自力更生、艰苦奋斗的红旗渠精神，有助于夯实不畏艰险、不怕困难、矢志不渝、奋发图强的思想基础，激励党员干部迎接挑战，经受考验，战胜困难，朝着既定目标奋勇前进。

伟大的精神推动伟大的事业。还记得红旗渠纪念馆"发扬自力更生、创新求实精神，用知识和智慧建设祖国美好的明天"的碑文，这是林县人民"敢教天地换新颜"的豪迈心声，也应当是我们用昂扬的斗志、奋进的态度去开拓创新、求实求效、谱写未来美好篇章的坚定信念。当前，党中央作出"高举中国特色社会主义伟大旗帜，为全面建设社会主义现代化国家而团结奋斗"的战略布局，红旗渠精神穿越时空、历久弥新，永远不会过时。它依然是鼓舞我们艰苦奋斗、开拓进取的强大精神动力，依然是引领我们求真务实、真抓实干的宝贵精神财富，激励我们不断将伟大的事业推进向前。

16　红色研学对高职教师职业发展的影响及研学心得

学生工作处　贺爱卿

在红旗渠研学活动中，我深入了解了红旗渠工程的建设历程和革命纪念馆的历史背景。这些历史文化知识不仅拓宽了我们的知识面，为教学提供了丰富的历史背景和文化内涵，还使教学更加具有深度和广度。在西柏坡研学的过程中，我深入了解了毛泽东同志的革命历程和对中国革命事业的巨大贡献，这种亲身感受增强了我对中国共产党的优秀传统和精神力量的认同。通过参与西柏坡和红旗渠的研学活动，老师们还接触到了新的学科知识和新的教育理念。这有助于教师积极学习更新，保持学科知识的前沿性和权威性，以提高自身的教学水平，更好地指导学生的学习和发展。

此次高职教师参与西柏坡和红旗渠研学活动，不仅是参观学习，更通过对活动的组织与安排，提高了包括资源整合、预案制定和风险评估等在内的筹划和组织活动的能力。不仅如此，研学活动还强调团队合作，促进教师之间相互支持、协调配合，共同解决问题。这样的团队合作经验提升了教师的协调能力和团队意识，使教师能更好地在学校管理和教学实践中与他人协作，共同推动学校的发展。在研学活动中，教师还需要在组织和实施过程中担任协调者的角色，同时，与同事、导游等进行沟通交流，也加强了教师的沟通技巧和协调能力。

研学活动是一次爱国主义教育的重要机会。在研学活动中学习红色历史和革命精神，有助于我们更好地将中国特色社会主义核心价值观融入教学中，培养学生的家国情怀和社会责任感。

通过研学活动，我们接触到丰富多彩的红色文化和革命历史。使得我们对中国优秀传统文化和历史有了更深入的了解，有助于提升文化自信。这种自信不仅体现在对传统文化的认同，还表现在对中国特色社会主义事业的信心上，使教师更有底气地教书育人，肩负起培养社会主义建设者和接班人的责任。

结合我的自身体验，我认为研学活动为高职教师的职业发展提供了有力的支撑。通过参与研学活动，我们拓展了知识面，培养了团队合作和沟通技巧，这些都是教师职业发展的重要素养。此次研学活动使我感受最深的就是，作为高职教师的我们将更加明确自己在职业生涯中的定位和目标。在研学活动中，教师会对教育事业产生更深刻的认知，对自己的职业规划有更明确的目标和方向，为未来的发展做好更科学的规划。因此，为了更好地发挥研学活动对高职教师职业发展的积极影响，学校需要建立健全长效机制，包括完善研学活动的组织与管理制度，持续投入资源，加强教师培训，确保活动的质量和效果。加强与地方特色资源的合作，学校可以与当地政府、博物馆、纪念馆等建立合作关系，充分利用地方特色资源，丰富教师的研学体验。同时，教育管理部门应该给予研学活动充分的支持与引导，制定相应政策和措施，激励高职教师参与研学活动，形成鼓励学习、积极发展的良好氛围。

此次西柏坡和红旗渠红色研学活动的实践与体验，使所有参与的老师在知识拓展、爱国主义情怀等方面获得显著提升。研学活动对高职教师职业发展具有重要意义和价值，学校应不断加强研学活动的推进与发展，为高职教师提供更多的学习与成长机会，促进教师的职业发展和学校的持续进步。

17 红旗渠精神与西柏坡精神：
  伟大精神的传承

学生工作处　苏　帅

一、引言

在当代社会，高职教师是培养国家人才和推动社会进步的重要力量。高质量的教育离不开教师的教育思想和职业道德的塑造。红旗渠和西柏坡作为中国革命历史中具有重要意义的地方，蕴含着丰富的革命传统和伟大精神。高职教师参加西柏坡和红旗渠研学活动，不仅可以加深对这些历史地标的认知，更重要的是可以从中汲取精神力量，进一步提升教育教学水平，促进教育事业的发展。

二、红旗渠精神在现代社会的时代价值

（一）红旗渠的历史背景和建设过程

红旗渠是位于河南省林州市（原林县）穿越太行山区的人工引水渠。干渠长70.6千米，干渠、支渠、斗渠共计全长1500多千米，由于多处渠段位于山腰的悬崖峭壁上，因此红旗渠又被誉为"人工天河"。红旗渠现为中国国家水利风景区和国家重点文物保护单位，也成为林州市的主要象征。该地此前位处山区，自然条件恶劣，据当地县志记载从明朝开始旱年加总达400年。为了解决饮水以及农田灌溉困难，当地

人常常穿山挑水，远的每天要走二三十里路挑水。修建引水渠的目的是引漳河水灌溉林县，故而红旗渠又名"引漳入林"工程。1960年2月开始修建，至1969年7月完工。该工程共劈开山头1250座、凿通隧洞211个、架设渡槽151座，共挖砌土石2225万立方米。红旗渠修建历时近十年，全县50万人中，有30万人参加了修渠工程。据官方报道，红旗渠修建过程中，共有81人死亡，其中年龄最小的17岁，最大的60岁，另有多人受伤。红旗渠的修建解决了当地约60万人和3.7万头大牲畜的吃水问题。灌区的有效灌溉面积为54万亩。灌区的粮食亩产由修渠前的100公斤增加到1991年的476.3公斤。红旗渠的建设过程充满艰辛和困难，但在中国共产党的正确领导下，广大劳动人民坚定信念，艰苦奋斗，最终取得了伟大胜利。

（二）红旗渠精神的内涵和代表意义

红旗渠精神包含着坚定的信念和信仰、艰苦奋斗的意志品质，以及集体主义的价值观念。在建设过程中，工人们克服重重困难，始终坚守信念，不畏艰险，不怕苦累，完成了一项又一项看似不可能完成的任务。红旗渠成了中国人民顽强奋斗和团结协作的象征，其精神价值在中国革命历史上占有重要地位。

（三）红旗渠精神在当代的传承和价值

红旗渠精神作为中国革命历史的重要遗产，对当代社会依然具有重要的指导意义。在社会经济发展过程中，人们可以从红旗渠的建设史中汲取艰苦奋斗、团结协作的精神，坚持不懈地为实现国家繁荣和社会进步而奋斗。对于高职教师而言，可以将红旗渠精神融入教学实践中，激励学生立志报国，勤奋学习，为社会的发展贡献自己的力量。

三、西柏坡精神在现代社会的时代价值

西柏坡位于河北省平山县西北部，是中国共产党的第一代中央领导集体和伟大领袖毛泽东生活战斗过的地方。在中国革命历史中，西柏坡是党中央重要的决策和指挥基地。在那里，伟大领袖毛泽东带领党的中央领导集体，总结革命经验，制定战略方针，为中国革命的胜利作出了重要贡献。

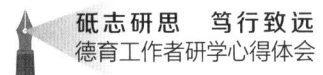

西柏坡精神包含着毛泽东思想的丰富内涵,是中国共产党和中国人民艰苦奋斗、自强不息的象征。这种精神在中国革命历史中产生了深远的影响,并在当代社会仍然具有重要的时代价值。它鼓舞着中国人民为实现中华民族伟大复兴的中国梦而不懈努力,为构建人类命运共同体作出积极贡献。

四、红旗渠精神和西柏坡精神

红旗渠精神和西柏坡精神都强调了坚定的信念和信仰,艰苦奋斗的精神品质,以及集体主义的价值观念。无论是林县人民在修建红旗渠过程中的不懈努力,还是以毛泽东为核心的党的第一代中央领导集体在西柏坡制定革命方针的决策,都展现了他们坚定的信念,对事业的忠诚和为人民利益奋斗的坚定决心。

不同的是,红旗渠精神和西柏坡精神有着不同的地域文化和发展阶段影响。红旗渠作为一项水利工程,强调了对国家粮食安全的关注和解决当地灾害问题。而西柏坡则是中国共产党领导集体集中研究决策的重要地方,强调的是毛泽东思想的形成和发展,以及对革命事业的战略部署。

学习红旗渠精神和西柏坡精神,使得高职教师可以更好地引导学生认识到历史的复杂性和多变性。教师可以以红旗渠和西柏坡为例,引导学生从不同的历史角度去审视问题,培养学生的多元思维和创新意识。

五、红旗渠精神和西柏坡精神对高职教师的启示

(一)弘扬传统、塑造品格

高职教师可以通过对红旗渠精神和西柏坡精神的传承,弘扬中国革命历史中的伟大精神,将这些宝贵的历史遗产融入教学实践中,让学生了解中华民族的伟大历史和文化传统。红旗渠精神和西柏坡精神强调了坚定的信念和忠诚的品质,高职教师须以身作则,引导学生树立起正确的世界观、人生观和价值观,培养学生积极向上、乐观向善的品格。

(二)激发动力

红旗渠精神和西柏坡精神的传承能够激发高职教师的教学热情和责任心,让他们更加积极投入到教育教学中,不断提升自己的教学水平,为学生成长发展贡献更多努力。

红旗渠精神和西柏坡精神为教师提供了一个很好的教育范本。高职教师应该牢记教书育人的神圣使命,踏实教书,尽心尽责地培养学生的综合素质。教师要自觉遵循红旗渠精神和西柏坡精神所体现的高尚品质,坚持自己的信仰,坚持教育事业的奋斗目标,成为学生的榜样和引路人。

六、红旗渠精神和西柏坡精神对高职教师的实践启示

(一)教学实践

高职教师可以在教学中融入红旗渠精神和西柏坡精神,设计与这些精神相关的课程内容和教学案例,让学生在学习知识的同时,了解传统文化和历史,增强民族自豪感。

通过学习红旗渠的故事,高职教师可以教育学生珍惜今天的幸福生活,了解历史的沧桑巨变,明白艰苦创业和拼搏奋斗的可贵意义。教师可以通过讲述红旗渠建设的历程,鼓励学生树立奋发向上、百折不挠的斗志,迎接人生中的各种挑战。高职教师还可以开展实践教学活动,组织学生参观红旗渠,感受这段历史的磅礴气势,从而更深刻地体会到努力奋斗的重要性。

通过学习伟大的西柏坡精神,高职教师可以引导学生学习马克思列宁主义、毛泽东思想,增强学生的理论素养和政治觉悟。教师可以通过教学,让学生了解毛泽东领导中国革命的历程,体会到坚持真理、修正错误的重要性。在学习毛泽东思想的过程中,学生可以深刻认识到自己的历史责任和使命,进而树立正确的价值观和人生观。

（二）师德建设

红旗渠精神和西柏坡精神强调忠诚、信仰和担当，高职教师应该将这些品质融入师德建设中，树立高尚师德榜样，引导学生形成正确的人生观和价值观。

高职教师作为社会培养人才的实践者，具有重要的社会责任。通过学习和传承红旗渠精神和西柏坡精神，高职教师可以不断提升自身的素质和能力，为学生提供更加优质的教育教学服务。同时，教师还应该将这些伟大精神融入教育教学过程中，激励学生树立正确的人生观和价值观，为实现中华民族的伟大复兴贡献自己的力量。

（三）教育管理

学校管理可以借鉴红旗渠精神和西柏坡精神，建立科学的教育管理制度，激励教师团队的凝聚力和创造力，推动学校全面发展。

红旗渠精神和西柏坡精神在高职教师中的实践，是通过教育教学和教育管理等多个方面的实践体现的。高职教师可以将红旗渠精神和西柏坡精神融入教学设计中，丰富教学形式，引导学生积极参与学习。在教育管理方面，学校领导者可以借鉴红旗渠精神和西柏坡精神，塑造学校的文化氛围，提高教师队伍的凝聚力和战斗力。

七、结论

红旗渠精神和西柏坡精神在中国革命历史中具有重要意义，蕴含着丰富的革命传统和伟大精神。高职教师参加红旗渠和西柏坡研学活动后，对这些伟大精神的认知和理解有了新的提升。他们将这些精神融入教学实践和教育管理中，为培养更多优秀人才和推动社会进步作出了积极的贡献。高职教师作为社会培养人才的重要一环，要时刻牢记红旗渠精神和西柏坡精神的启示。希望未来能够进一步弘扬红旗渠精神和西柏坡精神，激励更多的人投身到国家建设和社会发展的伟大事业中。

18 追寻红色印记汲取奋进力量，做一名合格的思想政治教育工作者

学生工作处 周 进

习近平总书记指出："红色是中国共产党、中华人民共和国最鲜亮的底色，在我国960多万平方公里的广袤大地上红色资源星罗棋布，在我们党团结带领中国人民进行百年奋斗的伟大历程中红色血脉代代相传。"党的十八大以来，习近平总书记在各地考察调研时多次瞻仰具有重大历史意义的革命圣地、红色旧址、革命历史纪念场所，反复强调要铭记光辉历史、发扬红色传统，用好红色资源、传承红色基因，把红色江山世世代代传下去。作为思想政治教育工作者，我们应以景仰之情、敬畏之心学习追寻红色印记，从中汲取新的智慧和力量，树立正确的国家观、民族观、历史观、文化观，确保红色血脉代代相传，红色江山永不变色。

2023年7月13—18日，学校党委委员、副校长丁霞带领30余名思想政治教育工作者代表前往爱国主义教育基地林州（原林县）和西柏坡参观见学。在林州，我们走进红旗渠纪念馆，观摩红旗渠的枢纽工程——分水闸，参观红旗渠的咽喉工程——"青年洞"，再走富民路和太行天路，走进谷文昌纪念馆和扁担精神纪念馆。在西柏坡，我们参观了西柏坡中共中央旧址、西柏坡纪念馆、李家庄统战部旧址，走访了塔元庄乡村振兴示范园，了解习近平总书记在正定工作的岁月。短短几天的参观见学，"自力更生、艰苦创业、团结协作、无私奉献"的红旗渠精神一直萦绕我心，以"谦虚谨慎、艰苦奋斗、实事求是、一心为民"为基本内涵的西柏坡精神令我折服。如何成为一名合格的共产党员，如何成为一名合格的思想政治教育工作者，我从当

年带领林县人民修建红旗渠的林县党员领导干部身上,从西柏坡波澜壮阔的革命实践中找到了答案。

一、弘扬红旗渠精神,争做新时代先锋

习近平总书记说:"红旗渠精神,是我们党的性质和宗旨的集中体现,历久弥新,永远不会过时。"红旗渠精神时刻提醒我们,社会主义是拼出来、干出来、拿命换来的,不仅过去如此,新时代也是如此。

一要有担当,坚定信念。习近平总书记多次强调,全党同志务必不忘初心、牢记使命,务必谦虚谨慎、艰苦奋斗,务必敢于斗争、善于斗争,坚定历史自信,增强历史主动,谱写新时代中国特色社会主义更加绚丽的华章。总书记的话语,既是对年轻干部的明确要求,也是对全体党员的殷切期望。红旗渠修建于20世纪60年代,为解决老百姓的饮水和干旱问题,时任县委书记杨贵及县委领导班子克服各种艰难险阻,在太行山上开凿出这条蜿蜒曲折的希望之渠。当时的林县共产党人有狠劲、有闯劲、有韧劲、有干劲。正是由于无数共产党人冲锋在前、与群众同甘共苦,才形成了建设红旗渠的无声无形却强大有效的凝聚力和感召力;正是因为有无数党员干部的崇高理想、坚定信念的激励和支撑,让林县人民以强大的精神力量谱写了林县的精彩华章。

作为思想政治教育工作者,我们要学习老一辈林县人"天当房,地做床,草根树叶当干粮"的乐观、奉献、忘我的大无畏的革命乐观主义精神。要把困难想在前头,把工作做在前头,把责任担在肩头,锚定目标、心无旁骛,知重负重、实干苦干。要把勇于担当视为事业所需、使命所系、职责所在,不断砥砺新本领、实现新作为、展现新气象。要始终保持干事创业敢担当、越是艰险越向前的奋斗姿态,努力在新征程上展现新作为、作出新贡献,在新起点上把党和国家的事业推向前进。

二要有作为,苦干实干。正所谓"山硬硬不过决心,困难吓不倒英雄"。红旗渠精神是一种创造精神。红旗渠开建时,正值我国经济困难时期,3万多名共产党员、共青团员、青年民兵冲锋陷阵,30多万林县人民前赴后继,不等不靠不向国家要,埋头苦干,自力更生,克服重重困难,靠着一锤一钎和两只手,苦战近十年,在太行山的悬崖峭壁上,修建成了这全长1500多千米、又被称为"世界第八大奇迹"和举世闻名的"人工天河"。这一"人间奇迹"的出现,既为我们树立了一座精神的丰碑,也告诉了我们,什么是共产党人的志气、骨气、锐气、底气,什么是共产党人的大智大勇、求真务实和担当情怀。

远大理想的实现,离不开奋斗者筚路蓝缕、栉风沐雨。作为思想政治教育工作者,我们迫切需要将林县人民"难而不惧、战天斗地"的实干精神和"无私奉献、勇敢顽强"的拼搏精神,作为我们为人做事的根本。要牢记要想改变命运,不是靠天靠地,而是要靠自己,要以知识为弓弩,以才能为利箭,敢干事、干实事、干成事,在新技术、新模式、新业态层出不穷的新舞台上,成为可堪大用、能担重任的栋梁之材。

三要有突破,立足实际。红旗渠精神是一种突破精神。修建红旗渠虽困难重重,但林县人民毫不退缩,逢山凿洞,遇沟架桥,连续奋战近十载,创造了一个个奇迹,挑战了一次次不可能。红旗渠精神,本身就是党和人民为实现"重整河山、焕新面貌"的宏伟目标而不懈奋斗的典范,充分展现了中华民族善于追梦圆梦、勇于跋山涉水、敢于改天换地的信心和本领,为推动实现中华民族伟大复兴中国梦的具象化奋斗目标提供了绝佳的历史参照和极大的精神支持。

作为思想政治教育工作者,我们也需要有这种敢于突破、敢于挑战不可能的精神和劲头。正如《习近平谈治国理政》中所倡导的,我们要勇做走在前列的奋进者、开拓者、奉献者,在劈波斩浪中开拓前行,在攻坚克难中创新创优。无论面对的使命任务多么艰巨,无论面对的风险挑战多么严峻,我们要做到事不避难、义不逃责,大胆地干、坚决地干,把该做的事情做好做优,该担的责担稳担好。

二、践行西柏坡精神,走好新时代赶考之路

习近平总书记指出:"时代是出卷人,我们是答卷人,人民是阅卷人。"从1948年5月进驻西柏坡到1949年3月中国共产党人从西柏坡出发进京"赶考",党中央在西柏坡只待了不足10个月的时间。10个月,在党的历史长河中,只是短暂一瞬,然而这却是中国革命的大跨越、历史的大转折:土地革命、三大战役、党的七届二中全会、振聋发聩的"两个务必"的提出……这段波澜壮阔的革命实践,铸就了伟大的西柏坡精神,成为一代代中华儿女接续奋斗的精神密码。70多年来,我们党的"赶

考"之心从未改变、"赶考"之志从未动摇、"赶考"之行从未停歇。中国特色社会主义进入新时代,我们仍然需要以"赶考"的姿态坚持刀刃向内,勇于自我革命,为夺取新时代中国特色社会主义伟大胜利努力奋斗。

一要做不忘初心的"赶考"者。理想信念是共产党人的立身之本。百年来,一代又一代共产党人始终坚持为中国人民谋幸福、为中华民族谋复兴,始终坚守着"革命理想高于天"的信仰红线,展现着"杀头不要紧"的信仰力量,带领人民不断从胜利走向胜利。西柏坡是淬炼信仰的地方,在这里,毛泽东同志谆谆告诫全党要始终牢记"两个务必",警惕"糖衣裹着的炮弹的攻击",决不能"在不拿枪的敌人面前打败仗"。我们作为思想政治教育工作者,初心是什么?我认为就是对党的忠诚之心、对学生的赤子之心、对学校的责任之心,对事业的进取之心。进入新时代,面对学生思想工作的新形势新要求,我们要始终坚守初心、践行使命,将从此次探访"赶考"中汲取的力量,转化为前进动力。要深入学习贯彻习近平新时代中国特色社会主义思想,要深入学生群体,走进学生内心,聚焦学生急难愁盼的问题,探寻学生工作新思路、新方法、新举措。要常怀爱生之心、善谋为生之策,将初心化为恒心,以责任赢得信任,持续增强学生获得感、幸福感、安全感。

二要做只争朝夕的答卷者。回顾百年非凡征程,我们党始终以壮士断腕、刮骨疗毒、猛药去疴的自我革命精神,不断纯洁净化党的队伍。"身正为师、德高为范",新时代思想政治教育工作者必须始终保持自我净化、自我完善、自我革新、自我提高的政治定力,自觉做遵规守纪的明白人老实人。自觉加强党性修养,保持高尚精神追求,培养健康生活情趣,时刻自重自省自警自励,挺起共产党人的精神脊梁,守护好共产党人的精神高地和心灵家园。要强化"如履薄冰、如临深渊"的忧患意识,慎独慎初、敬终如始,系好学生的每一粒扣子、把好学生成长的每一道关口、守住学生安全的每一道防线。要坚守"赶考"的初心,保持"赶考"的清醒,发扬"赶考"的作风,始终牢记"两个务必",切实把工作岗位作为"考场",履职尽责、担当实干,时刻做好交出让学生满意、让学校满意、让党满意的工作答卷。

19 红旗渠参观学习心得体会

学生工作处　陈金凤

　　林州（原林县）自古是一个十年九旱，"水缺贵如油"的地方。"林县人民多奇志，誓把山河重安排！"1960年2月10日，林县开始实施"引漳入林"工程，经过近10年苦战，在太行山悬崖峭壁上修成了全长1500多千米的红旗渠，被誉为"世界第八大奇迹"。红旗渠因其修建条件艰苦，牺牲巨大，所以在修建中形成了自力更生、艰苦奋斗、团结协作、无私奉献的红旗渠精神。巍峨太行山，雄壮红旗渠。今年暑期我们有幸前往红旗渠培训学习，受益良多。

　　我们先是到达了红旗渠纪念馆，首先映入眼帘的是像一条红飘带一样的纪念馆，以及由第六、七、八届全国政协副主席赵朴初题写的馆名"红旗渠纪念馆"。走进纪念馆，看到一张张记录了当时情景的黑白照片。那些珍贵的历史照片、沙盘模型以及部分当年修渠工人们用过的提灯、垫肩，穿过的棉袄，是红旗渠精神的孕育、形成、发展过程的折射。勤劳勇敢的林县人民，仅仅靠着一锤、一铲、两只手，10万人苦干近十个春秋，在太行山悬崖峭壁上修成了这全长1500多千米的红旗渠，削平1250个山头、架设151个渡槽、凿通211个隧洞、共挖砌土石2225万立方米，建成总干渠长70.6千米、灌区农渠总长4013.6千米，中小型水库和塘堰396座，库容6000余立方米，形成"引、蓄、提、灌、排、电、景"相结合的大型水利工程。红旗渠被称为"人工天河""世界第八大奇迹"。

　　我们驻足在一幅《千军万马战太行》的画前。画中展现的是上百人奋力堵龙口的壮观场面：1960年春，在红旗渠首拦河坝工程中，95米的坝体剩下10米宽的龙口尚未合龙，河水湍急流淌、奔腾咆哮，500多名共产党员和共青团员跳进冰雪未消、寒气逼人的激流中，排起3道人墙，臂挽臂、手挽手，高唱"团结就是力量"，挡住了汹涌的河水……在全面建成小康社会的征程中，我们迫切需要这种信仰和精神，红旗渠精神曾经响彻历史的岁月，也同样可以振奋新时代的精神。老师为我们讲解道：敬业、为民、踏实、奉献的红旗渠精神不应只是给予我们青年一代的启示，更应成为我们为人做事的根本。

纪念馆中悬挂着一个腰绑缆绳正在进行除险工作的人物模型，他就是红旗渠工地上的除险队队长任羊成。老师为我们讲解说，任羊成人称"任大胆"，又称"飞虎神鹰"。修渠过程中放炮后，经常有松散石头掉下来，给在崖下修渠的民工造成很大危险。为了保证施工安全，领导们决定成立除险队，任羊成第一个报名，被大家推选为除险队队长。他终日带领队员们腰系大绳，飞崖下堑，凌空除险，扫除障碍，被群众称为"飞虎神鹰"。有一次，他爬上通天沟除险，失足跌在圪针丛里，等挣扎着爬起来的时候才发现脊背上扎满了尖尖的枣刺儿。他忍着疼痛，又爬上山崖，坚持除险。晚上，房东老大娘和儿媳妇给他挑刺，一个钟头，挑了一手窝，他却一声不吭。有一次，在虎口崖除险，当快要扑进凹檐里的时候，一块石头从凹檐顶掉下，砸在他的嘴上，顿时，鲜血顺着他的嘴角流了下来，三颗牙齿横在了嘴里，他取掉牙齿，忍着剧痛，一直坚持到完成任务才从崖堑下来。工地领导让他去医院治疗，但他放心不下，惦念着自己如果晚一天去除险，修渠民工就会多一分危险。第二天，他戴着口罩背着大绳又上山堑除险。这种冒一人之险、保众人之安的无私奉献精神，一直被人们传颂。

红旗渠载着林州人民的幸福憧憬奔流到了改革开放新时代，进入以经济建设为中心的康庄大道。接下来我们来到了红旗渠经济开发区，红旗渠经济开发区成立于1992年，2006年被河南省政府批准为省级经济开发区，2012年10月被国务院批准为国家级经济技术开发区。依托开发区规划建设的总使用面积为27.05平方千米的产业集聚区，先后被评为"河南省先进产业集聚区""河南省对外开放工作先进开发区""河南省节约集约利用土地示范集聚区""河南省信息化和工业化融合试验区"和"河南省知识产权优势培育区域"。红旗渠开发区功能完善，景观优美，形成了"七横六纵"城市道路网络，配套绿化亮化，供排水、供热、供气管网同步到位。为加快城镇化发展步伐，开工建设了总投资 50 亿元、规划用地总面积为 238.6 公顷的陵阳新区工程。横贯东西的晋豫鲁铁路西起我国重要能源基地山西吕梁，东至天然良港山东日照，在开发区北部设立了万吨级铁路货运编组站——红旗渠火车站。红旗渠开发区着力优化产品结构，提升发展水平，按照"工业强市"发展战略，以开放促发展，以科技求创新。红旗渠开发区吸引了中国大唐、中国一汽、中孚实业等一大批中国 500 强企业投资兴业，规划建设了煤机装备制造产业园、汽车装备产业园、生物科技产业园、电动汽车产业园等特色专业园区，初步形成了高端装备制造和高新技术为主导的优势产业集群，建成全国最大的天蚕素抗菌肽产业化生产基地，华中地区最大的无缝管材生产基地，全国重要的煤矿综采机械设备、优质铸造生铁、汽车配件产业生产基地。

此次培训还观看了纪录片《巍峨山碑·杨贵篇》。林县那时山多地少，石厚土薄，凿井无泉，引水无源，自然条件十分恶劣，然而在这么恶劣的环境下，林县人民用自己勤劳的双手建造了雄伟壮观的红旗渠。红旗渠施工期正值三年困难时期，由于工程浩大，施工环境恶劣，技术装备简陋，资金和物资短缺，每个民工每天只有 6 两粮食，但是这些困难并没有使林县人民屈服。他们决定在太行山开凿一条引水渠，从山西省平顺县把漳河水引入林县。林县人民苦战近十个春秋，仅靠自己的双手在太行山悬崖峭壁上修成了全长 1500 多千米的红旗渠，创造了历史上伟大的奇迹。林县人民终于结束了"水缺贵如油，十年九不收"的噩梦。看着红旗渠竣工，我感到快乐，又有些心疼。人们脸上洋溢着的笑容，让我不禁感叹这样的幸福笑容来之不易，我们要好好珍惜。纪录片的结尾，歌声嘹亮，人们唱着："劈开太行山，漳河穿山来……高举红旗永向前，高举红旗永向前。"

行走在红旗渠青年洞前曲折的长堤上，面对着太行山的悬崖峭壁和红旗渠的碧绿流水，我仿佛又看到一个个铁血汉子和巾帼英雄腰系草绳挂在悬崖峭壁间除险的身影，仿佛又听到铁锤砸向钢钎的声响回荡在山间。"引漳入林"的红旗渠工程，是林县人民在党的解放思想、实事求是、自力更生、多快好省地建设社会主义的思想指引下，不断实践，不断认识，在干中学，在学中干，从修小型水利工程到修大型工程的过程。兴水符合林县县情，兴水就是为林县父老乡亲办实事，兴水调动了人民群众的积极性。群众从兴办水利实践中进一步认识到中国共产党是完全彻底为人民服务的党，从而更加热爱党，党指向哪里，群众就干到哪里。

红旗渠的建成是广大人民群众在中国共产党的领导下，发扬自力更生、艰苦奋斗精神的体现；是广大人民群众在中国共产党的领导下，克服重重困难、解决突出问题、不等不靠精神的体现。红旗渠的建成是一批批冲锋在前、享乐在后、铁骨铮铮、无私奉献的英雄起先锋模范带头作用的结果；是党员领导干部深入第一线和群众同心干，并及时总结经验和教训，保证工程建设顺利进展的结果。

这次到红旗渠参观学习，我无法一一说清心中的感受。但清楚的是，人要有一种追求，即像林县人那样，任何时候都不能放弃对理想目标的向往；作为党员，就要始终保持对最高信仰的追求。人要有一种精神，即像林县人那样，锤炼持续艰苦奋斗的精神，因为在向理想目标奋斗的过程中，必然要有艰难的付出。在任何时候，我们都要像林县人那样，头脑保持清醒，不断求"变"，不断地创新、进步。我作为一名部门负责人，要投身于当前不断深入推进的变革之中，不断向自己提出新的要求，拓宽思路，转变观念，在学习中提高自己，完善自己，以适应不断发展的市场环境，另外，作为党员，在实际工作中必须起到党员的先锋模范作用。

伟大的事业需要伟大的精神，伟大的精神推动伟大的事业。我们不仅要学习红旗渠精神，更要继承和弘扬红旗渠精神，在建设中国特色社会主义的征程中奋勇前进，把国家建设得更加繁荣昌盛，使人民生活得更加幸福安康。

20 传承红色基因，服务教育事业

——2023年暑期赴西柏坡+红旗渠研修心得

团委　魏红梅

为深入学习贯彻习近平新时代中国特色社会主义思想和党的二十大精神，学习贯彻习近平总书记关于教育的重要论述和重要指示批示精神，在学院的统一安排下，2023年7月13—18日，我参加了学院组织的"二十大精神进校园，队伍协同育新人——赴西柏坡+红旗渠研修班"，有幸和其他同事一起到红旗渠、西柏坡等爱国主义教育基地参观、学习、研修，下面是我本次研修的心得体会。

一、学习坚持不懈的红旗渠精神

7月14日上午，研修班开班仪式结束后，一行人在报告厅聆听了《红旗渠精神及其当代价值》专题讲座，观看了纪录片《巍峨山碑·杨贵篇》；7月14日下午，我们来到红旗渠纪念馆，现场感受着林县（今林州市）人民创造的历史奇迹；馆内一幅幅珍贵的历史照片、一个个逼真的历史模型、一件件简陋的修渠工具、一身身破旧的棉衣，诉说着那段艰苦奋斗的不朽岁月，引人深思、感人至深。20世纪60年代，在太行山悬崖峭壁之上，十万勤劳勇敢的林县人民苦战近十个春秋，没有高科技工具协助，没有足够的衣食，用铁锤、铁铲和双手修出了长达1500千米的红旗渠，结束了林县十年九旱、水贵如油的苦难历史，林县人民用"自力更生、艰苦创业、团结协作、无私奉献"的红旗渠精神，创造了"世界第八大奇迹"。直至今天，红旗渠依然在造福着当地农业和农民,红旗渠精神依然影响着今天的林州儿女!

红旗渠工程浩大、震撼人心,林县人民战天斗地的豪情荡气回肠,"鞠躬尽瘁、一心为民、踏踏实实、任劳任怨"的林县领导集体吃苦在前、享乐在后的精神更加令人震撼!站在红旗渠枢纽工程分水闸边,我亲身感受红旗渠精神传人的信念和姿态,林县儿女一铲一锤干革命的淳朴,领导干部与人民群众同吃同住同劳动的深厚情谊,不计个人得失的无私奉献精神!最后我们来到红旗渠咽喉工程青年洞,重温了入党誓词。

蜿蜒半个世纪的红旗渠,熠熠生辉的运河之星,处处体现着共产党人在千里渠线上的初心和使命。伟大的事业需要伟大的精神作为支撑,在新的征程中,红旗渠精神依然是激发我们广大党员同志净化党性、纯洁品行的精神武器,依然是激励我们广大党员同志艰苦奋斗、开拓进取的强大精神动力,依然是激励我们求真务实、真抓实干的宝贵精神财富!时代不同,但红旗渠精神依然与我们同在!

二、学习谷文昌无私奉献的精神

7月15日,我们参观了谷文昌纪念馆,了解感动中国"四有书记"谷文昌同志的事迹,学习了谷文昌书记一心为公、无私奉献的精神。"心中有党、心中有民、心中有责、心中有戒",这是谷文昌精神实质的精髓。无论身处顺境逆境,他始终不忘身为一名共产党员的责任与担当,始终不褪共产党人的底色,始终坚定理想信念;他为民高擎一把伞,为民敢扛一片天,做到了政治觉悟不含糊,一心为民、鞠躬尽瘁。他做到了对权利的敬畏、对底线的坚守、对廉洁自律的坚守,正所谓"金奖银奖,不如老百姓的夸奖",虽然谷文昌书记已经离开大家很多年了,但他那"以天下为己任,为百姓谋福利"的真挚情结始终活在当地老百姓的心中,而"先祭谷公,后祭祖宗"的风俗至今仍保留在东山人的生活中。

作为一名从事学生管理工作的教育工作者,学习谷文昌精神,就要深入学生集体,和学生成为朋友、打成一片,真正做到了解学生所需、所求,体验学生的安危冷暖;学习他一贯追求的让老百姓过上好日子的公仆情怀,就是要发扬不怕苦、不怕累、不怕脏的干事劲头,敢冲在前,勇挑重担,当好学生的表率;学习他始终坚持"为人民服务"的宗旨,做到以学生为本,为学生排忧解难。

三、学习不怕困难的扁担精神

林州是一方红色沃土,这里不仅孕育出了闻名全国的红旗渠精神、谷文昌精神,同时还有被誉为"全国商业战线上的一面红旗"的扁担精神。7月15日下午,大家一起参观了扁担精神纪念馆,在这里,我们了解了石板岩一代代供销社人用心血和汗水凝成的扁担精神。扁担精神发源于70多年前的石板岩乡供销社,"一根扁担挑家业,两个肩膀担真情",曾是当时供销社干部职工的真实写照。在那个交通极其不便的年代,面对车马不通、蜿蜒盘旋的山路,他们硬是用一根扁担,用一副铁肩,用一双脚板,用自己的双手,挑出了农民急需的生活物资,挑出了群众渴望的幸福生活,"不怕山高路远、不怕流血流汗、不怕肩上重担",这是他们在困顿劳累时消除疲惫的口号,也是他们为民排忧解难的情怀。

新时代的党员干部要读懂扁担精神,敢挑大梁、敢担重任,以扁担精神实现年年有今日、岁岁有今朝的"丰收愿景"。虽然不同时期扁担精神的内涵不同,但共产党人一心为民、全力服务的本质没有变,自力更生、艰苦奋斗的核心永远不会变,不断创新、生生不息的精神永远不会变。

四、学习敢于斗争的西柏坡精神

7月16日上午,我们一行人乘车到达西柏坡开始了参观学习,我们首先在纪念馆的五大书记塑像前举行了献花仪式,然后参观了西柏坡纪念馆,近距离深入了解了党在西柏坡的奋斗历程,领会了西柏坡精神的内涵;接着我们参观了李家庄中共中央统战部旧址,了解了中国共产党和各民主党派1948年在平山县李家庄村经历的肝胆相照、风雨同舟、继往开来的光辉过往。

西柏坡——这个党领导的"解放全中国的最后一个农村指挥所",党中央在这里指挥了辽沈、淮海、平津三大战役,召开了党的七届二中全会。西柏坡精神产生于决定中国革命前途命运的重要历史转折关头,作为中国红色革命精神之一,西柏坡精神集中体现了战天斗地、敢打必胜的中国革命精神,集中体现了严于律己、胸有成竹、志存高远的中国革命精神。

站在先烈们打拼下的土地之上,微风吹过,回首过去,展望未来,心潮涌动,感慨万千……看清楚过去我们为什么能够成功，才能明白未来我们怎样做才能继续成功！数千年来，这片土地上的人民曾历经多少艰辛、多少心酸、多少磨难和苦痛！在这个繁荣昌盛的时代，我们仍要牢记历史，不忘初心，汲取力量，继续前行！

奋斗百年路，启航新征程！习近平总书记说："一切向前走，但不能忘记走过的路，走得再远、走到再光辉的未来，也不能忘记走过的过去。"民之所忧，我之所念；民之所盼，我之所为也。这就是中国共产党人为民初心最生动的诠释。虽然我们进入了新时代，但艰苦奋斗的作风、全心全意为人民的精神仍然需要继承和发扬。作为新时代高职院校党员干部，作为一名教育工作者，必须传承红色基因，勇担职责使命，继承和发扬好革命精神，争做令学生满意的师长！

21 忆峥嵘岁月 传红色精神
聚奋进力量

商贸学院 叶颖瑜

无论走到哪里，我们都不应该忘记来时的路。我们虽然没有亲历中国共产党历史上的重大转折，但参加"二十大精神进校园，队伍协同育新人——赴西柏坡＋红旗渠研修班"的学习，让我们能够回望过去，重温峥嵘岁月中展现出来的英勇无畏、舍生取义、甘愿奉献的精神。在触摸这些岁月的过程中，我们继续传承红色基因，用信仰书写属于我们的青春赞歌。

一、"敢干实干"的红旗渠精神，教育我们不忘来时路

习近平总书记强调，"红旗渠就是纪念碑，记载了林县人民不服输、不认命、敢于战天斗地的英雄气概"。红旗渠精神教育我们社会主义是干出来、拼出来、拿命换来的，过去是如此，现在的新时代也是如此。如果没有人民拼死拼活地干，没有人民付出鲜血，就不会有今天的美好生活，我们要永远把他们铭记于心。

1954年，只有26岁的杨贵被任命为中共林县（现林州市）县委书记。从那一刻起，他就牢记作为一名共产党人的初心和使命，奋不顾身地肩负起为林县人民造福的历史使命。因林县本身非常缺乏水资源，经常干旱，所以解决灌溉问题是大家的头等大事。"引漳入林"工程是浩大又艰辛的，山西省境内引水点的海拔仅比红旗渠最高点高出14.7米。这意味着70多千米的路程要在太行山崇山峻岭之中走完，且落

差只能在14.7米内,同时,必须要有连续不断的坡度,才能确保水可以顺流而下。在测量设备、工程机械等基本没有,专业的技术人员极其缺乏的条件下,只能依靠人民群众和土方法,在悬崖峭壁上劈山开洞,硬生生凿出一条渠来。修渠工程正值三年困难时期,国家难以拨款,资金相当有限。建造红旗渠的人民群众只能自力更生,自己解决资金困难和粮食短缺,最终彻底改变林县的干旱缺水问题。

中国人的志气和毅力是红旗渠建成的保障,红旗渠的成功修建鼓舞了全体中华儿女。在20世纪70年代初,周恩来总理曾经非常自豪地告诉国外友人:"新中国有两大奇迹,一个是南京长江大桥,一个是林县红旗渠。"红旗渠的成功对中国和国际都产生了非常重大的影响,红旗渠的建造历史成为红旗渠精神发生发展的土壤根基,是我们中华儿女永不能磨灭的宝贵财富。

二、内涵丰富的红色精神,指引我们走好"赶考之路"

(一)"不忘初心、牢记使命"是新时代前进之动力源泉

红旗渠精神是为了人民群众,依靠人民群众,不忘初心、牢记使命的共产党人理想信念的永恒典范。1960年2月11日,中共林县县委书记杨贵走在最前面,带领数千名修渠的人民群众,高举写着"重新安排林县河山"的红旗,冒着寒风,手推小推车,在蜿蜒的山道上艰苦行进。潭河岸边,太行山上,锤声叮当,炮声隆隆。长达近十年的修渠工程,共产党人不忘初心、牢记使命,始终坚持和人民群众想在一起、干在一起,为了人民群众,依靠人民群众,林县的老百姓紧紧团结在一起,踔厉奋发、攻坚克难,向着灿烂的光明前途奋勇前进。当今,是实现中华民族伟大复兴的关键时期,我们面临的困难是艰巨的,环境是复杂的,我们需要的是继续不忘初心、牢记使命,在我们的内心深处真正树起全心全意为人民服务的理想信念,继续发扬红旗渠精神,将其作为我们走进新时代"赶考之路"的动力之泉,以实现中华民族伟大复兴。

(二)"艰苦奋斗、勤俭为民"是新征程使命之奋斗作风

在扁担纪念馆中,我们感受到了石板岩供销合作社干部凭借一副铁肩膀,挑起

沟通城乡的重担,用一双铁脚板,走村串乡,翻山越岭,为老百姓提供必需的生活物资的"艰苦奋斗、勤俭办社、一心为民、开拓创新"的精神品质。

党的二十大报告指出:"从现在起,中国共产党的中心任务就是团结带领全国各族人民全面建成社会主义现代化强国、实现第二个百年奋斗目标,以中国式现代化全面推进中华民族伟大复兴。"前途是光明的,但任重而道远,我们要清楚认识到,全面建设社会主义现代化并不是舒坦地敲锣打鼓就能实现,而是需要我们继续发扬艰苦奋斗、勤俭为民的优良作风,撸起袖子加油干,心往一处想、劲往一处使,未雨绸缪,居安思危,以富贵不能淫、贫贱不能移的正气推进党的事业往前发展。

三、继承和弘扬红色精神,需要我们青年不懈努力

在新时代背景下,继承和弘扬红旗渠精神和西柏坡精神等伟大精神,对我们提出了更高的要求。我们要继续坚持继承弘扬红旗渠精神和西柏坡精神的伟大精神内涵,要坚持守正创新,让红旗渠精神和西柏坡精神不断与时俱进,坚持把红旗渠精神和西柏坡精神不断融入当今的发展之中,努力实现共同富裕,不断在实践中让红旗渠精神和西柏坡精神得以继续发展,不断丰富红旗渠精神和西柏坡精神的时代内涵,使红旗渠精神和西柏坡精神永葆青春和活力,历久弥新、永不过时。

习近平总书记曾指出:"中国青年是有远大理想抱负的青年!中国青年是有深厚家国情怀的青年!中国青年是有伟大创造力的青年!"当下的青年使命,就是要敢于担当,勇于求是,自觉承担起国家的使命。我们要继承中国青年的优良传统,树立远大理想,满怀赤子之心,具有家国情怀,自觉接过先辈们的共产主义事业的大旗,积极探索、赓续奋斗、开拓进取。在以习近平同志为核心的党中央的领导下,为实现第二个百年奋斗目标而不懈努力。实践证明:"无论过去、现在、还是未来,中国青年始终是实现中华民族伟大复兴的先锋力量!"历史的大旗需要一代又一代的青年挥舞下去,江山要靠一代又一代的青年守护下去。每一代人有每一代人的历史使命,不忘初心、砥砺前行,更好的明天还需要青年努力创造实现。让我们永远高举中国特色社会主义伟大旗帜,继承弘扬红旗渠精神和西柏坡精神等伟大精神,为实现第二个百年奋斗目标而不懈努力。

22 红旗渠精神融入大学生思想政治教育的路径研究

商贸学院 姜 令

习近平总书记在参观考察红旗渠时强调,"红旗渠精神同延安精神是一脉相承的,是中华民族不可磨灭的历史记忆,永远震撼人心""要用红旗渠精神教育人民特别是广大青少年,社会主义是拼出来、干出来、拿命换来的,不仅过去如此,新时代也是如此"。红旗渠精神作为中国共产党人精神谱系的重要组成部分,是社会主义建设时期的具体体现,红旗渠精神彰显了马克思主义的世界观和方法论,是大学生思想政治教育的鲜活教材。

一、红旗渠精神的内涵

红旗渠从最初的一项水利灌溉工程,逐渐演变为一个地标、一处风景、一座丰碑,更是在生产实践中孕育形成了以"自力更生、艰苦创业、团结协作、无私奉献"为基本内涵的红旗渠精神。其中,"自力更生"表现为河南林县(今河南林州市)人民在坚持"以自力更生为主,国家扶持为辅"原则的基础上将红旗渠修建而成。"艰苦创业"表现为当面临工程量浩大、施工环境恶劣、资金缺乏、物资缺乏等多种挑战和困难时,县委书记杨贵带领全县人民克服一切困难和挑战,敢拼敢闯,坚决打赢硬仗。"团结协作"表现为全县各行各业人民在修渠中相互支持和配合,全国有关部门和驻地部队大力支援。"无私奉献"表现为在红旗渠修建过程中,无论是受益地区还是非受益地区，都以整体利益为重，不惜牺牲局部利益，为红旗渠建设贡献力量。

二、当前大学生思想政治教育面临的挑战

在全面育人的时代场域下，随着新媒体与思想政治教育的融合发展，大学生思想政治教育在教育模式、方式理念等方面发生了质的飞跃。与此同时，大学生思想政治教育也面临一定的挑战，其育人理念、育人内容以及育人方式需进一步深化，从而提高育人成才的实效性。

（一）育人理念更新不够，价值引领力不足

目前，大学生思想政治教育育人理念更新不够，价值引领力不足，主要表现在以下三个方面。第一，教育的根本是立德树人，对这一理念，有的教师只停留在认知层面，并未在教育实践中深刻思考"培养什么人、怎样培养人、为谁培养人"这一根本问题。第二，时代新人强调要集理想、本领、担当、道德、力量于一身，但部分高校教师较少明晰培育时代新人的发展思想，一些老师存在思想政治意识不强等问题，影响了思想政治育人成效。第三，实际教学中，一些高校教师对大学生在想什么、关心什么、需要什么了解不够，忽视了学生的主体性、差异性与创造性。

（二）育人内容转化不理想，思想阐释力不够

育人内容是大学生思想政治教育的核心要素，具有重要的理论引领作用。当前，大学生思想政治教育在取得一定成效的同时，存在内容转化不理想、思想阐释力不够的问题。这些问题主要体现在以下两方面。第一，在实际教学中，对教材和文本中的理论知识阐释仍需不断加深，对学生的基本理论教育需进一步努力，达到"魂"的高度。第二，在新的时代背景下，红色故事、时代故事、历史故事等是当前大学生思想政治教育的重要教学资源，对这些故事的阐释有待进一步深化，需要将这些故事背后所蕴含的理论逻辑、实践逻辑以及时代价值一一释读。

（三）育人方法重理论轻实践，实践教学实效力不强

当前，大学生思想政治教育主要是通过理论学习开展教学，实践教学次数少，普遍存在实践体验法运用不佳、实践教学实效力不强的问题。具体而言，部分高校教师在教学中，通常采用事实说理、理论灌输这一传统教学方法，且依赖多媒体课件，致使育人缺乏生机与活力。而实践教学作为提升大学生思想素养的重要途径，不仅能够巩固理论知识，而且有助于增进师生之间的交流，提升思想政治教育的亲和力。

三、红旗渠精神融入大学生思想政治教育的价值意蕴

（一）红旗渠精神为大学生思想政治教育提供了鲜活素材

红旗渠精神的深刻内涵、修渠的特殊历史背景及艰苦历程、修渠者的感人故事等，与大学生思想政治教育的内涵高度契合，有利于引导学生心怀理想、坚定信念、不畏困难、不懈奋斗、勇于创新、无私奉献，可以作为大学生思想政治教育的鲜活素材。当然，高校教师需要在充分把握红旗渠精神的基础上，对相关素材进行加工整合，将其科学地融入教学，用好、用活素材，以增强亲和力、感染力和吸引力。

（二）大学生思想政治教育为红旗渠精神拓宽了教育空间和传播路径

大学生在红旗渠精神传承中所起的重要作用，决定了大学生思想政治教育可以拓宽红旗渠精神的传播路径。一方面，大学生思想政治教育为红旗渠精神拓宽教育空间。把红旗渠精神通过理论教学和实践教学融入大学生思想政治教育，有利于在稳定的环境中，将红旗渠精神传播给大学生。另一方面，大学生思想政治教育为红旗渠精神拓宽了传播路径。大学生作为担当民族复兴大任的时代新人，是传承红旗渠精神的重要力量，也是全面建成社会主义现代化强国的重要力量。大学生群体思维活跃，易于接受新鲜事物，在了解红旗渠精神后，可以成为受益者、传播者、践行者，他们可通过新媒体等多种方式，广泛传播红旗渠精神。

(三)红旗渠精神融入大学生思想政治教育有利于培养时代新人

红旗渠精神的"自力更生、艰苦创业、团结协作、无私奉献"内涵具有较强的育人价值,是培养时代新人的丰厚滋养。将红旗渠精神融入大学生思想政治教育,有利于培养堪当民族复兴大任的时代新人。一是可以引导大学生抓住大学阶段这个确立理想信念的关键时期,把个人的命运与国家和人民的命运联系在一起,将自己的理想追求融入实现中华民族伟大复兴的中国梦,立为国奉献之志,立为民服务之志。二是可以引导大学生积极奉献、实干进取、自力更生、艰苦奋斗,在奋斗中实现人生理想、人生价值。三是可以引导学生乐观向上,遇到困难挫折不气馁,调整好心态,磨炼意志,从而迈向成功。

四、红旗渠精神融入大学生思想政治教育的实现路径

高校要充分挖掘将红旗渠精神融入大学生思想政治教育的价值,探索协同性、创新性、综合性教育路径,化"零"为"整"、化"静"为"动"、化"点"为"面",推动大学生从红旗渠精神中汲取历史养分、筑牢思想之基、明晰笃行之径,成为担当民族复兴大任的时代新人。

(一)化"零"为"整"——思政课程与课程思政"双课程"同向同行

充分发挥思政课程的核心作用。一是要深耕教育内容,实现"两个讲好"。既要讲好红旗渠建设的历史,突显社会主义制度集中力量办大事的优越性,又要讲好红旗渠精神的时代内涵,明晰红旗渠精神形成的马克思主义科学理论基础,引导大学生在新的历史条件下以红旗渠精神为指导,积极投身全面建设社会主义现代化国家新征程。二是要创新教育模式。要深度剖析学生内在需求,融入社会热点话题,实现历史与现实、教师与学生的互动对话,推动红旗渠精神入脑入心。三是要更新教育方法。将现代信息技术与传统思想政治教育方法相融合,利用移动课堂、虚拟现实体验课堂、智慧课堂等教学软件或平台,提升红旗渠精神课程学习的互动性和体验性,使学生充分感知修建红旗渠的艰苦,体悟红旗渠精神的价值。

充分发挥课程思政的渗透作用。"要将学科资源、学术资源转化为育人资源,实

现'知识传授'和'价值引领'有机统一。"将红旗渠精神根植于综合素养课程和专业教育课程之中。一是要加强队伍建设，改变思想政治教育教师单兵作战的现象。二是要挖掘课程潜力，在坚守专业定位的基础上挖掘专业课程内涵、追溯学科发展进程等，因势利导地巧妙融入红旗渠精神，充分发挥综合素养课程和专业教育课程在传承红旗渠精神上的强大渗透力和感染力。

（二）化"静"为"动"——依托红色基地和志愿服务进行实践育人

依托红色基地开展实践教学。充分发挥红旗渠红色教育基地的优势资源，开展特色实践课程。可以前往红旗渠纪念馆、青年洞等地，或参观"云上红旗渠纪念馆"，引领学生走进红旗渠修建的历史场景、身临其境地体会修渠环境、聆听红旗渠模范人物的英雄事迹、感悟红旗渠精神的形成，以高度的情感投入唤起强烈的情感共鸣，以深度的体验感悟增进理解认同，深化对红旗渠精神内涵的认识。

依托志愿服务开展实践教学。将红旗渠精神和志愿服务充分结合，以红旗渠精神缔造者摒弃一己私利、秉持利他性和社会性的价值选择引领培育时代新人。可以安排学生前往红旗渠纪念馆等地开展志愿服务，或于校内开设红旗渠精神展馆并开展相关志愿服务活动。在培训讲解以及志愿实践中积极引导学生对红旗渠精神的内在品格进行深入思考，推动学生进行自我教育、自我发展、自我成长。还可以通过支持性回馈及奖励机制发挥红旗渠精神对青年的持续教育影响，推动青年自觉做红旗渠精神的弘扬者。

（三）化"点"为"面"——营造红旗渠精神培育时代新人的校园环境和社会环境

一方面，做好严密且可操作的顶层设计，开展形式多样的校园精神文化活动。如邀请红旗渠先进典型入校宣讲、举办红旗渠经典文艺作品展演、组织开展致敬红旗渠修建者手工设计活动等，在营造弘扬红旗渠精神的良好氛围的同时将红旗渠精神具象化，增进学生对红色精神的了解与内化。此外，充分发挥高校党团组织和红色社团在大学生思想政治教育工作中的独特作用，推进集知识性、思想性、生动性于一体的主题党课、团课和社团活动建设。

另一方面，形成良好社会氛围。可以对中国共产党人精神谱系进行系统学习与宣传，挖掘红旗渠精神与精神谱系中其他精神之间的共通点与联系，凸显中国共产党人精神谱系一脉相承的品质特征并形成系列宣传作品。可以利用红旗渠总干渠通水或红旗渠修建过程中的重大事件等有纪念意义的时间节点开展相关纪念性活动，使学生在积极向上的社会氛围中接受红旗渠精神的熏陶教育。

五、总结

红旗渠精神是珍贵的思想政治教育资源，蕴含着丰富的育人价值，契合高校思想政治教育的价值功能，顺应高校思想政治教育改革创新的时代要求。将红旗渠精神融入大学生思想政治教育，可为高校思政教育注入新的活力，引导学生传承和发扬红旗渠精神，凝聚起开拓前行的强大精神力量，助力中华民族伟大复兴中国梦的实现。

23　新时代红色研学对大学生思政教育的价值及路径探索

财经学院　林慕飞

2022年10月28日，习近平总书记在河南省林州市（原林县）红旗渠纪念馆考察调研时强调，"红旗渠就是纪念碑，记载了林县人不认命、不服输、敢于战天斗地的英雄气概。要用红旗渠精神教育人民特别是广大青少年，社会主义是拼出来的、干出来的、拿命换来的，不仅过去如此，新时代也是如此。"因此，在新时代深度挖掘红旗渠精神的深刻内涵和时代价值，有利于把红旗渠精神转化为干事创业的实际行动。2023年7月13—18日，学校部分思想政治教育工作者前往林州和西柏坡实地参观学习，感受红旗渠精神和西柏坡精神的精神内核及情感意蕴。红旗渠精神和西柏坡精神是中国共产党人精神谱系的重要组成部分，体现了党为人民谋幸福的初心和使命。

习近平总书记多次强调，要用好红色资源，赓续红色血脉。红色资源是中国共产党领导广大人民群众在长期的革命和建设伟大实践中所创造出来的各种精神及其物质载体的总和。将红色资源融入大学生思想政治教育工作，发扬好红色传统，传承好红色基因，是做好大学生思政教育工作的关键。红色资源具有教育引导、典型示范、价值塑造和文化熏陶等作用，为新时代高校大学生思想政治教育提供了丰富的教育素材。

一、红色研学内涵及育人价值

　　红色研学将红色文化资源和自然生态风光有机结合，兼具学习性、故事性、参与性，对于弘扬爱国主义精神、保护红色文化资源、推动经济发展等具有重要作用。红色研学既是展示我国近现代历史，弘扬爱国主义精神的重要载体，又是传播红色文化，培根铸魂的有效途径。红色研学主要是以中国共产党领导人民在革命和战争时期建树丰功伟绩所形成的纪念地、标志物为载体，以其所承载的革命历史、革命事迹和革命精神为内涵，组织接待旅游者开展缅怀学习、参观游览的主题性旅游活动。红色研学项目和地址包括了红色主题博物馆、纪念馆、纪念碑、纪念园、革命战争遗址、红色圣地、红色线路等。

（一）红色研学激发爱国热情，增强政治认同

　　在红色研学过程中，不仅可以欣赏革命老区的风光，还可以重温革命历史，缅怀革命先烈，感悟革命精神，获得砥砺前行的动力。红色研学可以将红色文化和红色资源转化为育人资源，可以激发大学生深厚的爱国热情，使他们对马克思主义、毛泽东思想等共产主义理论产生更为深刻的理解和认同，达到润物细无声的效果。

（二）红色研学增强历史自觉，坚定文化自信

　　红色研学可以激发大学生对革命历史文化知识学习的兴趣，让大学生在学习革命历史文化知识的过程中，传承优秀中华文化，增强历史自觉，坚定文化自信。红色研学过程中，所接触到的每一个历史事件、每一位革命英雄、每一种革命精神、每一件革命文物，都代表着我们党走过的光辉历程、取得的重大成就，展现了我们党的梦想和追求、情怀和担当、牺牲和奉献，汇聚成我们党的红色血脉。比如20世纪60年代，在河南林县红旗渠修建过程中孕育形成的"自力更生、艰苦创业、团结协作、无私奉献"的红旗渠精神，就是一笔宝贵的精神财富。再如，"西柏坡精神""井冈山精神""长征精神"等精神都是中国共产党人精神谱系的重要组成部分。通过实地参观，大学生得以"零距离"接触这些蕴藏着极为深厚的民族文化内涵的精神之源，在缅怀先烈、感悟精神的同时，更会增添对优秀中华文化进行继承与发展的动力。

（三）红色研学提升思想政治教育感染力和说服力

红色研学不仅能满足人民文化需求，也是增强人民精神力量的重要方式，有利于提升大学生思想政治教育的说服力、感染力和实效性。红色研学有利于大学生体悟革命历史中艰苦奋斗、诚实守信、无私奉献等精神内涵，更进一步提升个人思想境界以及加强价值观塑造，以避免他们患上理想信念缺失的"软骨病"。

二、红色研学融入大学生思政教育的主要思路

（一）守正创新，深入挖掘红色资源的育人价值

红色研学在传统研学基础上增加了"红色元素"，有利于大学生通过研学的方式，学习、体验和触及中国近现代历史及中华优秀传统文化，感悟中国特色的价值理念、价值目标和价值追求。在开发和利用红色资源的过程中，要坚持守正创新，坚持以中国精神、中国特色、中国气质、中国元素为根本立足点，在继承发扬转化的基础上，以挖掘和提炼红色资源的文化价值和育人功能为出发点和落脚点，对民族精神和世界精神进行融合和创新，只有这样才可以提高红色研学背后的"红色故事"的文化育人效能。此外，政府要进一步做好规划保护、活化利用和研究阐释红色研学的工作，逐渐形成"红色研学吸引人，红色精神感染人，融合产业留住人"的集聚效应，增强红色研学融合发展成效。

（二）突出主题，让不同的红色文化深入人心

当前存在较多红色研学产品开发模式雷同，没有重视大学生多元化的个性需求的情况。作为大学生，他们重视自己未来发展，会更关注红色文化资源对自己的生活、学业、就业等方面有哪些现实的帮助。这些问题都需要在开发红色研学时，在策划、宣传时下功夫去解答。因此，在开发红色研学资源时要全面了解、深度评估、整体把握，确定红色研学主题关键是要突出当地特色文化。比如，"瑞金——共和国的摇篮""井冈山——中国革命的摇篮"等，这些红色资源定位清晰，也逐渐发展成为当地"名片"，让人一听就有相应的心理预期。

（三）现场体验，"零距离"接触红色资源文化内涵

建立红色资源融入大学生思想政治教育的长效机制，积极开展丰富多彩的社会实践活动。学校要根据地域优势和专业特色，开展形式多样、各具特色的红色实践活动，如开展服务老区的"科技、文化、卫生"三下乡活动，针对老少边穷地区的"支教、支医、支农"工程等；要组织学生参观各种革命遗址、纪念馆、烈士陵园，开展红色历史社会调研、重走红军路等活动，通过现场体验，感受老一辈革命英雄的革命精神，不断塑造和培养大学生的社会主义核心价值观念。此外，要定期开展专题学习，组织学生根据所见所闻所感，展开交流和谈心。高校教师需要将红色资源的民族精神和时代精神的核心要义和工作学习实践相结合，将精神价值转化为工作动力，以此推动红色资源在高校大学生思想政治教育中得到有效开发和利用。

24　扬红旗渠精神，
　　　筑思政新高地

管理学院　庄　炜

党的二十大报告指出，"弘扬以伟大建党精神为源头的中国共产党人精神谱系，用好红色资源"，"着力培养担当民族复兴大任的时代新人"，作为中国共产党人精神谱系中的一种具体形态，红旗渠精神是我们党的宝贵精神财富，有助于引导大学生坚定科学崇高的理想信念，实现人生价值。探究新时代红旗渠精神等红色文化对于大学生成长为担当民族复兴大任的接班人，推进大学生红色思想政治教育具有非常重要的理论意义和现实意义。

一、红旗渠精神与大学生理想信念教育的内在联系

红旗渠精神是在实践中逐渐形成并不断提升的，在不同历史时期展现出不同的中华民族精神，具有重要的指导意义和启示价值，是大学生理想信念教育的宝贵财富。目前，大量"00后""05后"出生的年轻人进入高校，他们对新事物充满好奇，接受能力强，但心智尚未完全成熟，容易受到不良思想的影响。因此，高校在对大学生群体进行理想信念教育时，应着重关注大学生的群体特点，明确红旗渠精神与大学生理想信念教育的衔接点，以促进二者的有效融合。

红旗渠精神中蕴含的艰苦奋斗、积极进取、团结协作、无私奉献精神，对于丰富大学生的理想信念教育起着重要作用，与大学生理想信念教育的目标高度契合。

红旗渠精神是改进大学生理想信念教育方式的有效载体。将红旗渠精神和大学生理想信念教育相融合，可以有效提升教育的感染力和说服力，使其实效性得到增强，从而成为提升大学生理想信念教育效果的助推剂。高校思政课程应利用各种实践教学项目，充分发挥红旗渠精神的活动载体功效，通过融合线上线下教育方式和课堂实践，将红旗渠精神中的理想信念元素与理想信念教育有机结合，引导大学生自觉接受正确的价值观念，促使个人理想与社会理想融为一体，培养他们成为新时代社会主义事业的杰出接班人。

二、红旗渠精神融入大学生理想信念教育校园文化的路径探索

以校园文化为媒介将一心向党信仰、艰苦奋斗作风、家国情怀担当、团结协作思想等红旗渠精神融入校园文化活动之中，能够扩大红旗渠精神融入大学生理想信念教育的广度、深度，能够在潜移默化中引导大学生树立共产主义远大理想和中国特色社会主义共同理想。高校思政教育可将红旗渠精神融入校园物质文化建设之中，通过在校园各处悬挂与红旗渠精神有关的宣传材料，充分利用主题班会、年级大会、学校公共广播电视台播放宣传红旗渠精神系列的电影片段、音频，将红旗渠精神文化融入师生生活。利用校园物质文化建设，深刻影响大学生，可以使他们随处都能领略到红旗渠精神所具有的深厚文化魅力。在不同的校园文化活动中，通过还原红旗渠的建设过程可以让大学生亲身体验到林县人为修建引水工程的艰辛和付出，逐渐加深学生们对红旗渠精神的情感认同，激励他们自愿成为这种精神文化的传承者和实践者。

三、红色文化融入大学生思想政治教育的时代要求

受西方错误价值观的影响，有的大学生可能产生对红色文化的认同危机，对红色文化教育有抵触情绪。为了解决这一难题，高校思政课老师必须提高自身素质，要善于从新时代青年的角度解读红色文化，改善红色文化在思政教育中的融合以及创新意识有待加强等问题。与此同时，在新时代大背景下，大学生接受知识的方式发生了翻天覆地的变化，高校教师必须摒弃照本宣科的灌输式教学模式，利用红色

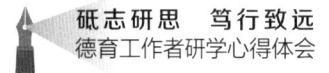

文化对大学生进行思想政治教育时要及时更新教学理念,要充分运用与时俱进的创新教学方式,以提升其实效性。

为解决传统思政教育与学生精神文化需求之间存在的"代沟",高校要落实好以下两方面工作:一方面,需要寻找红色文化内涵与时代精神的新结合点,解决红色精神与当代价值观的对接问题,深刻解决红色文化融入高校思政教育过程中的创新不足等问题;另一方面,要在强化红色精神在思想政治教育中的基础性作用的基础上,加强大学生的红色文化教育,设置相关课程和活动,为他们提供传承红色文化的平台,营造浓厚的红色文化氛围,使大学生更好地继承和发扬红色文化精神。

25 精神长河，
    映照初心

管理学院　黄丹丹

盛夏光年，精神长河，映照初心。红旗渠精神和西柏坡精神是一代又一代共产党人要不断学习和传承的精神。在新时代新征程上，我们青年一代共产党员要继续大力发扬红旗渠精神和西柏坡精神，以实干成就未来，以奋斗造就幸福生活，为实现中华民族伟大复兴贡献自己的一份力量。

一、党建新征程，做好新时代红旗渠精神的传承者

深入学，强党性。"蓝天白云做棉被，大地荒草当绒毡。高山为我放岗哨，漳河流水催我眠！"20世纪60年代，林县（今林州市）人民在县委书记杨贵的带领下，用鲜血和汗水苦苦奋战了近10个年头，仅仅靠着一锤、一铲、一双手，用生命在太行山的悬崖峭壁上修成了全长1500多千米的红旗渠，这伟大的人工奇迹，孕育了"自力更生、艰苦创业、团结协作、无私奉献"的红旗渠精神。

沉浸学，别样新。付广松老师激情昂扬和惟妙惟肖地向我们讲述了红旗渠的故事，这一堂课是我听过最感动、最生动的一门思政课。付老师通过演绎，从修渠的时代背景、修渠设备条件、工程施工难度、修渠时间跨度、施工人员数据各个方面述说着无比艰辛的修渠历程。付老师更是从三问三答中，让我深刻地了解了红旗渠精神及其时代价值：一问是十年修一渠，动力是什么？二问是辉煌五部曲，奥秘在

哪里？三问是党建新征程，我们怎么办？短短的两个小时中，我深受触动，一碗米饭、一组数据、一条规定、一份礼物、一个细节等令人动容的小故事，引发了我深刻的思考。党建新征程，我们要重谈红旗渠精神"明志"，要对照红旗渠精神"正风"，要学习红旗渠精神"修德"，红旗渠精神就像一面旗帜，在我们每个人心中历久弥新。

践行学，新传承。学习红旗渠精神，不忘初心、牢记使命。作为一名德育工作者，在当前职业教育高质量发展推进期，学习红旗渠精神，就要时刻将红色精神践行在自己的生活工作中，做好红旗渠精神新时代的传承者。

二、党建新征程，做好新时代西柏坡精神的赶考者

弘扬西柏坡精神，必须始终保持艰苦奋斗的作风和守正创新的精神，以攻坚克难的姿态推进职业教育高质量发展。自古以来，艰苦奋斗都是我们中华民族的传统美德。无论是战争年代还是和平时期，艰苦奋斗都深深地烙印在每一代中国共产党人的骨子里。一代代中国共产党人前赴后继，不断艰苦奋斗、守正创新，带领着人民走向幸福的生活。作为教育工作者，时刻保持艰苦奋斗和守正创新的精神有利于推进职业教育高质量发展。

弘扬西柏坡精神，必须始终坚持一心为民，以公仆意识解决好学生急难愁盼问题。作为一名辅导员和学生工作者，要时刻以学生为中心，帮助学生解决问题，帮助其成长成才。回望百年峥嵘岁月，奋斗奇迹彪炳千秋，中国共产党从诞生之日起，就始终与人民心连心、同呼吸、共命运。西柏坡时期在党中央颁布的《中国土地法大纲》影响下，解放区流传着这样一首民谣："最后一碗米送去做军粮，最后一尺布送去做军装，最后一件老棉袄盖在担架上，最后一个亲骨肉送去上战场。"这首战争年代广为传唱的民谣，正是我们党坚持一切为了人民、一切依靠人民，同人民风雨同舟、血脉相通、生死与共的生动写照。这些鲜活的案例，指引着我们如何正确前行。

三、党建新征程,做好新时代红色精神的践行者

此次红色研学我触动颇多,能将此次学习内化于心、外化于行,才是我今后要认真践行的课题。"自力更生、艰苦创业、团结协作、无私奉献"的红旗渠精神是我们华夏大地上每一位炎黄子孙和每一位中国共产党人信仰的"精神图腾"和孜孜不倦追求的"精神高地"。西柏坡精神更是内涵丰富、博大精深,蕴含着"心系人民、艰苦奋斗、实事求是、谦虚谨慎"等精神特质,是弥足珍贵的精神财富,体现了共产党人的崇高价值追求和使命担当。

党建新征程,如何做好新时代红色精神的践行者?一是,从这两种红色精神中感悟深刻道理,汲取精神营养。在日常学习中要积极感悟蕴含在红色精神中的深刻道理,汲取精神营养,获取续航梦想、接续奋斗的精神主动,坚定只有在团结奋斗中奉献出自己的青春力量才能创大业、成大事的信念。二是,从红色精神中挖掘精神力量,激发前进动力。要把个人的追求和梦想凝聚在中国梦的宏伟目标上,最大限度发挥个人的创造力,在奋进新征程中贡献青春力量、实现个人梦想。三是,从红色精神中强化践行意识,勇于担当作为。更多地去经风雨、见世面、壮筋骨、长才干,在摸爬滚打中强"傲骨",去"傲气",接"地气",去"娇气";在不断奋斗中把个人价值追求和时代价值追求融为一体,以小我成就大我,不负韶华。

红旗渠精神和西柏坡精神都是中华民族红色精神的丰碑。跟随新时代的步伐,我们要新学新用、活学活用红色文化,牢记初心,不忘使命,为实现中华民族伟大复兴的中国梦而不懈奋斗!

26　红旗渠探访：
　　深度领悟人民伟力

信息工程学院　黄小栋

　　我有幸参观了中国著名的水利工程——红旗渠。这次参观给我留下了深刻的印象，不仅让我了解了红旗渠的历史和建设过程，更让我感受到了中国人民的智慧和奋斗精神。以下是我参观红旗渠的心得体会。

　　红旗渠是一项伟大的工程。红旗渠位于河南省林州市（原林县），是中国自力更生、艰苦创业精神的象征。在二十世纪五六十年代，林县人民面临着严重的水资源短缺问题，为了解决这一难题，林县人民在林县县委的带领下，用简陋的工具和不懈的努力，历时近十年，修建了这座全长1500多千米的水利工程。红旗渠的建设不仅解决了当地人民的饮水问题，还为农业生产提供了充足的水源，极大地改善了当地的经济状况。

　　参观红旗渠让我深刻认识到了中国人民的智慧和奋斗精神。在红旗渠的建设过程中，林县人民面临着诸多困难和挑战，但他们没有退缩，而是凭借着智慧和勇气，克服了一个又一个困难。他们采用了创新的工程技术，如"悬空引水""倒虹吸"等，成功地将水源引入了干旱的山区。这些技术的应用不仅提高了工程的效率，还节省了大量的人力和物力。林县人民的聪明才智和不屈不挠的精神令我深感钦佩。

　　此外，参观红旗渠还让我对环境保护有了更深刻的认识。红旗渠的建设过程中，林县人民注重生态环境的保护，采取了一系列措施来减少对自然的破坏。他们在渠道旁种植了大量的树木，以防止土壤侵蚀和水源污染。还建立了一系列的生态保护区，保护了当地的珍稀物种和生态系统。红旗渠的建设成为了人与自然和谐共生的典范，给我留下了深刻的印象。

最后，参观红旗渠让我对中国的水利工程有了更深入的了解。红旗渠是中国水利工程的杰出代表之一，它的建设经验和技术成果对后来的水利工程有着重要的借鉴意义。通过参观红旗渠，我了解到了中国水利工程的伟大成就和智慧，也更加明白了水利工程对国家经济发展和人民生活的重要性。

这次参观红旗渠的经历，不仅让我深刻理解了其历史与建设过程，更激发了我对中国人民智慧和奋斗精神的敬仰之情。红旗渠不仅是水利工程的典范，更是中国人民自力更生、艰苦创业精神的象征。

27 2023年暑期红色研修心得体会

信息工程学院 江 凯

2023年7月13—18日，我有幸参加学院组织的德育工作者赴河南、河北的红旗渠和西柏坡暑期研学班。

从小就听说红旗渠是我国一项水利工程的奇迹。这次我终于有机会在学院领导的带领下奔赴太行山区的河南省林州市（原林县），参观了举世闻名的水利工程，即被世人称之为"人工天河"的红旗渠。

参观红旗渠给我感受最深的并不是红旗渠工程的雄伟，而是修建红旗渠背后，中国人民那独立自主、艰苦创业、无私奉献的精神。红旗渠不仅仅展现了中华民族吃苦耐劳、坚韧不拔的优良传统，还深刻地体现了当代中国劳动人民对于信念的不懈追求。在我们看来，红旗渠已不是一项单纯的水利工程，它更是一种民族精神的象征。

通过向导的介绍，我了解到林县人民在20世纪60年代极其艰苦的条件下，用简陋的工具，靠着每天6两粮食，奋战了近十个春秋，建成了举世闻名的人工天河——红旗渠。

走进林县人民用智慧和血汗建造的"人工天河"红旗渠，走在干渠的堤坝上，看着绵绵流淌的红渠水，感受着红旗渠的宏伟壮丽，惊叹和敬仰红旗渠的建设者们。他们经过不断的艰苦奋斗，克服重重艰难险阻，穿越太行山的悬崖绝壁、险滩峡谷，遇山凿洞、遇沟架桥、开山辟路，用排山倒海的气魄、大无畏的精神和卓越的胆识，历时近十年，于1969年修成了红旗渠。

红旗渠，你鼓舞着一代又一代的中国人民；你让我们见识到林县人民的了不起；你诠释了什么才是真正的坚韧不拔；你告诉全世界，人活在世界上，不仅仅是为了享受，更重要的是懂得付出。

暑期研学班的第二站是西柏坡，从林州市坐车需要经历四个小时的路程，但是我却迫不及待地想尽快地来到这个革命的圣地——西柏坡。到达目的地后，我怀着崇敬的心情认真地听着向导的讲解。这些讲解在我的心里留下了深刻的印象，让我进一步了解了我们的党是怎样领导中国人民走出了水深火热。

"西柏坡"，虽然它只是一个很小的山村，但就在这个不起眼的小山村里，党中央和毛主席指挥了轰轰烈烈的辽沈、淮海、平津三大战役，指导革命取得全国胜利，进而建立了新中国。三大战役能够取胜的原因有许多，首先是因为中国共产党制定了正确的指导方针，在西柏坡这个革命圣地，党中央放眼中国的总体局势，为了使老百姓获得解放而进行战略研究，从中总结出了大量的经验，从而更好地指导革命实践。其次是因为中国人民解放军的英勇奋战，积极主动，每一位战士都不畏战争的辛苦而进行战斗，他们的这种精神值得我们学习。再者就是因为有广大人民群众的支持，这是战争取得胜利很重要的一点。正义的战争离不开人民群众的支持，人民群众是军力和经济力的源泉。军力和经济力是进行战争的物质基础。人民革命战争之所以会胜利，主要有人民做靠山，能源源不断地得到人民给予的人力物力的支援，这一点是非常重要的。

1947年7月17日至9月13日，中共中央工作委员会在西柏坡召开了全国土地会议。会议着重讨论土地改革和颁布了《中国土地法大纲（草案）》，明确规定"废除封建性及半封建剥削的土地制度"，"废除一切地主土地所有权"。规定了彻底平分土地的基本原则，把土地分给无地或少地的人民耕种，解放农村生产力，发展农业生产，为新中国的工业化奠定了坚实的基础。土地法的颁布也考虑到了最广大人民的根本利益，使更多老百姓都能得到土地。在此，我深深地体会到了中国共产党能够长期执政的原因——得民心者得天下。无论是一个政党还是国家，都要联系广大人民群众，和广大人民群众站在一起，始终保持先进性。

还有一个重要方面就是在西柏坡这个革命圣地召开了党的七届二中全会。会议提出了许多重要的内容，其中"两个务必"思想给我留下了深刻的印象。"两个务必"

就是"务必使同志们继续地保持谦虚、谨慎、不骄、不躁的作风,务必使同志们继续地保持艰苦奋斗的作风"。作为一线思政工作者的我们,更加应该坚持"两个务必"的作风。

这次暑期研学培训,我深度参观了著名的红旗渠和西柏坡,景仰这里凝聚了先辈们的智慧和汗水。红旗渠精神和西柏坡精神使我深受鼓舞,激发了我对学习、工作和生活的热情。未来,我要坚持发扬红旗渠精神和西柏坡精神,坚持学习文化知识,将理论与实践相结合,努力提高工作能力和工作效率,为学院的发展做出自己最大的努力。

28 红色精神引领
时代新人培育

智能制作学院　徐冠东

中国共产党领导中国人民在百年奋斗中，创造了一系列为国为民、彰显党的本质属性的民族精神和时代精神，形成了红色精神谱系。2023年7月13—18日，广州科技贸易职业学院组织思政队伍和学工队伍前往河南、河北学习红旗渠精神和西柏坡精神。

一、深刻认识红色精神内涵，挖掘培育时代新人价值

从历史传承来看，崇尚精神生活、坚守理想主义的情怀烙印于中华民族品性的文化根脉之中。中国人自古以来注重品格的养成与塑造，尊崇气节、节操，注重通过提升道德修养和进行道德教化，实现人生境界的攀升。中国共产党的历史是一部领导人民创造先进文化，并以先进文化引领政党建设、促进社会发展的历史，更是一部精神唤醒、感召人民，人民进而传承、弘扬精神的历史。革命与英雄主义的故事，所承载的不只是波澜壮阔历史中一桩桩具体的事件，更凝结着红色基因的传承、精神血脉的绵延，是理想信念、思维方式、价值观念、道德情操的永续发展。

（一）红旗渠精神的内涵

为改变林县（今河南林州）世代缺水、贫穷落后的面貌，20世纪60年代，林县

人民依靠社会主义制度的优越性，依靠自己的双手，苦战近十个春秋，在悬崖峭壁上修建了被誉为"世界第八大奇迹"的"人工天河"红旗渠，孕育出"自力更生、艰苦创业、团结协作、无私奉献"的红旗渠精神。习近平总书记指出："红旗渠精神，是我们党的性质和宗旨的集中体现，历久弥新，永远不会过时。"红旗渠精神会随着时代的发展不断增添新的内涵，它是以爱国主义为核心的民族精神和以改革创新为核心的时代精神的集中体现。

红旗渠精神是在建设红旗渠工程的具体实践中孕育出来的，"自力更生、艰苦创业、团结协作、无私奉献"是红旗渠精神的基本内涵。自力更生是根本立足点，是即使在极其恶劣的条件下也要依靠自己的力量顽强生存、努力发展、执着向上的精神。红旗渠这一宏伟工程，是林县人民依靠自己的双手，凭借着勤劳和毅力，克服了客观的环境条件，付出了巨大的心血和生命代价才得以建成的。艰苦创业是核心要义，红旗渠工程耗时近十年，面对工期长、困难多、危险高、物资缺、条件差等因素，林县领导干部带领林县人民不畏难、不放弃，艰苦奋斗，完成了这一壮举。团结协作是独特优势，没有林县人民齐心协力朝着一个目标奋斗，红旗渠工程是无法完成的。尤其是涉及工程进度时，需要各行各业相互配合，还需与县外各省积极合作。无私奉献是动力支持，林县人民不计较个人得失，在集体利益面前能牺牲个人利益，中国共产党党员更是勇当排头兵冲向最危险的地方，为了工程无私奉献。

（二）西柏坡精神的内涵

1948年3月，毛泽东率中央前委东渡黄河进入晋绥解放区前往河北平山西柏坡。1948年9月12日至1949年1月31日，以毛泽东为核心的党中央在西柏坡指挥了辽沈、平津、淮海三大战役，从此国民党赖以进行反革命战争的精锐部队被消灭殆尽。1949年3月5—13日党中央在西柏坡召开了中国共产党七届二中全会。2013年7月，习近平总书记在西柏坡考察时指出："毛泽东同志当年在西柏坡提出'两个务必'，包含着对我国几千年历史治乱规律的深刻借鉴，包含着对我们党艰苦卓绝奋斗历程的深刻总结，包含着对胜利了的政党永葆先进性和纯洁性、对即将诞生的人民政权实现长治久安的深刻忧思，包含着对我们党坚持全心全意为人民服务根本宗旨的深刻认识，思想意义和历史意义十分深远。"西柏坡精神的基本内涵可以概括为"两个敢于""两个坚持""两个善于""两个务必"。"两个敢于"，即敢于斗争、敢于胜利的进取精神。表现在敢于打歼灭性大仗，敢于同敌人大兵团作战，淮海、辽沈、平津三大战役的胜利，奠定了全国胜利的基础；敢于将伟大的人民解放战争进行到底，将革命进行到底，建立人民民主共和国。"两个坚持"，即坚持依靠群众，坚持团结统一。我们党建设了最广泛的统一战线，密切与各民主党派和民主人士合作，坚持人民参政议政，为建立人民民主共和国作好了准备。"两个善于"，即善于破坏旧世界，善于建设新世界。"两个务必"，即务必使同志们继续地保持谦虚谨慎、不骄不躁的作风，务必使同志们继续地保持艰苦奋斗的作风。我们的党和军队正是在继承和发扬艰苦奋斗传统的基础上取得了新民主主义革命的胜利。

二、红色精神引领时代新人培育的路径开拓

（一）丰富学校的教育内容，将红色精神融入课堂教学

要结合学生认知特点，通过丰富课程内容，促进学生实现对红色精神从无认知向符号认知提升，把简单化的符号认知拓展为情节认知，继而上升成精神实质的认知。认知的建立只是第一步，还需要进一步丰富手段，促进基本认知转换为坚定认同，再将坚定认同转换为具体实践。由此，才能真正发挥红色精神鼓舞人、塑造人、培育人的作用。

（二）精心打造校园文化，营造追求理想，矢志创新奋斗的精神基调

可在校园雕塑、校史馆、走廊文化中加强红色要素的呈现。红色精神表征着理想的坚定、信念的纯粹，创新的气魄、奋斗的坚韧，这也是红色精神能够在不同历史时期迸发活力的内核要素。只有胸怀远大理想的人才能持续激发生命的活力，不再沉溺于个体微小多变的情绪情感，能够以更加开阔的视野、更加博大的胸怀去理解和看待个人遭遇，能够拓展出更加丰富的生命意义。

（三）挖掘新媒体平台潜力，以青年人乐于接受的方式传播红色精神

加强队伍建设，聚合思想政治理论课教师和计算机、新媒体传播学、艺术等专业的教师，打造一支政治上坚定可靠、文化素养深厚，了解学生网络需求、能熟练

运用融媒体技术,素质过硬的队伍,以青年人易于接受的话语讲好红色故事,传播红色文化,增强传播的效度。

(四)拓展实践活动,将对红色精神的认知认同转换成切身行动

高校要结合学生专业特点,统筹安排,组织开展红色文化、红色精神等相关团学活动、班级主题实践活动,常态化开展进社区服务、"三下乡""志愿服务"等活动,使学生在身体力行中,把对红色精神的认知、认同转化为主动的奉献、服务、关爱的行动,使青年在服务中体会更加广阔和有深度的人生快乐与幸福体验。组织学生利用假期,挖掘整理自己家乡革命先烈后代的口述资料,参与红色记忆的绘制,将学生的成果集结成册,做好成果的推广运用,既能提升学生对红色文化建设的参与度,也能加深学生对红色历史的情感。

红色精神是我们前行的珍贵精神宝藏,在时代新人的培育中能够起到滋养精神、润泽生命、提升境界的作用,而精神层面的升华能够为实践活动提供健康的、持久的动力,使青年在完成担当民族复兴大任的历史征程中始终保有昂扬的精气神。

29　赴红旗渠、西柏坡研学报告

交通工程学院　蒋　婷

一、绪论

2023年7月13—18日，在学校马克思主义学院和学生工作处的精心组织和细心安排下，身为一线辅导员的我和各位思政战线的领导和同事们一起参加了此次"二十大精神进校园，队伍协同育新人——赴西柏坡＋红旗渠研修班"。此次研修班旨在通过深入了解这些地方的红色精神和历史背景，激发教育工作者的爱国情怀。本次研学围绕赴红旗渠、西柏坡实践教学活动展开，以期推动红色精神教育的深入发展，提高教育工作者对红色精神的理解和运用能力，促进实践教学活动的改进，进一步弘扬和传承革命精神。

二、红旗渠的修建及启示

红旗渠是中国在20世纪60年代修建的一项重大水利工程，它位于河南省林州市（原林县），修建红旗渠的主要目的是解决当时农田灌溉和供水不足的问题。红旗渠的建设任务被视为一项国家大计，而中国政府和人民为实现这一目标付出了巨大努力。红旗渠的修建过程经历了艰辛的挑战和不断的探索。起初，由于受到技术和资源的限制，红旗渠的建设面临着许多困难。然而，林县人民解决了一个个难题，在艰苦的条件下进行施工。他们利用简单的工具和方法，人工挖掘渠道，运输和倾倒土壤和岩石，凭借顽强的毅力和努力，使红旗渠的建设取得了重大突破。

在红旗渠这一伟大的工程实践中，我们不仅能看到其巨大的工程规模和令人震撼的技术成就，更重要的是可以从中汲取宝贵的实践经验和启示。在学习红旗渠精神的过程中，我们看到了林县人民坚定的信仰和顽强的毅力。红旗渠是在困难重重的条件下修建的，但是正是由于全体参与者深深地坚信并追随着中国共产党的领导，才最终战胜困难，取得了成功。

三、西柏坡的革命遗产

西柏坡是革命圣地，具有重要的历史地位。西柏坡承载着中国共产党的光荣历史，有着丰富的革命遗产。在中国革命史上，西柏坡是一个崇高的象征，它见证了中国共产党在艰苦环境下奋斗的艰辛历程，也见证了党的领导者们的智慧和奋斗。

西柏坡是中共中央旧址所在地，这座庄严的红色教育基地见证了中国共产党在革命历程中的重要节点。我们参观了中共中央旧址、毛泽东纪念堂等重要场所，深入了解了毛泽东等革命先辈的英勇事迹，感受到了他们对革命事业的不懈追求和坚定信仰。西柏坡作为红色旅游目的地，保留了丰富的革命文物和遗址，成为红色教育的重要平台。丰富的实物展示和史料陈列，让我们更加真切地感受到了中国革命的艰辛和伟大。这些历史文物、展览和讲解，使我们对中国共产党的初心和使命有了更加深刻的认识。通过亲身体验和深入学习，我们对中国共产党的创建和发展有了更加全面和深入的了解。

四、此次研学对实践教学活动的启示

由于红旗渠和西柏坡现在都是红色旅游区，在文物保护与开发利用方面难免存在一定的矛盾。一方面，我们要尊重并保护这些宝贵的文化遗产；另一方面，我们又需要充分利用它们进行文化传承。这就需要我们在实践教学中找到平衡点，注重文物保护的同时，对其进行合理的开发和利用。因此，我们需要在实践中积极应对这些困难，寻求合理的解决办法，确保实践能够顺利进行。

五、总结与展望

在赴红旗渠、西柏坡研学过程中,我们获得了丰富的经验。通过研学,我们深刻领会到红旗渠精神的伟大意义。我们将继续深入学习红旗渠和西柏坡的经验,不断丰富自身知识。研学活动让我们深刻认识到红旗渠、西柏坡这些重要的革命历史地标的重要性和影响力。因此,我们将继续加强对相关方面的研究和学习,以便更好地将历史的经验转化为当下实践的智慧。我们对实践教学活动有着积极的展望,希望未来的实践活动能够取得更加丰硕的成果。我们将始终保持对实践教学活动的热情和积极的态度,不断提升专业技能和知识水平,努力将理论与实践相结合,为实践教学活动的发展贡献自己的力量。

30 实践出真知，赓续红色血脉

交通工程学院 徐文梁

为深入贯彻职业教育高质量发展的目标路线，重走老一辈无产阶级革命家、劳动人民的奋斗之路，奋力书写新时代篇章，我参与了本次在红旗渠和西柏坡开展的研修班。习近平总书记曾说，"红旗渠精神与延安精神一脉相承"。深入了解这里发生的动人故事，更有益于坚定马克思主义理论信仰。

一、饮水思源，不忘来时的路

吃水不忘挖井人是中华民族的优良传统。在水利资源丰富的南方地区，很难切身体会到晋察冀山地、巍巍太行山上的劳动人民世世代代所受的缺水之苦，因一桶水而导致家庭破裂的故事直接说明了山区人民对用水的渴望。县委书记杨贵同志排除万难，在困难时期顶住压力，实事求是地组织当地群众坚持不懈地修建红旗渠，就是站在广大人民群众的根本利益上，与人民同呼吸共命运。在经济困难的20世纪60年代，红旗渠修建的过程中没有一砖一瓦任何贪污，也不存在一丁点的工程质量问题，每一段渠都有责任碑。俗话说人心齐，泰山移。杨贵书记的一句"重新安排林县河山"，是多么豪迈，又是多么接地气。后来林县人民近十年的一言一行都在以实践向后人阐述着当年所发生过的一切。同时，在修建红旗渠的过程中，涌现出"铁娘子"等一系列感人至深的建设故事，在展览馆、在红旗渠分闸口，每一块砖石，都在无言诉说着当地人民对美好生活的向往和不畏一切艰难困苦的坚定决心。这一点在物质生活极大丰富的当下显得尤为珍贵，也是红旗渠精神引领当代价值的根本所在。勤劳勇敢的 30 万林县人民，苦战近十个春秋，仅仅靠着一锤、一铲、两只手，在太行山悬崖峭壁上修成了这全长 1500 多千米的红旗渠，形成了"自力更生、艰苦创业、团结协作、无私奉献"的红旗渠精神。

《红旗渠精神及其当代价值》专题讲座的主讲人以历史故事诠释红旗渠精神的来龙去脉。在新的历史时期，共产党员更需在自己的工作岗位上实践红旗渠精神的深刻内涵。主讲人激情澎湃的讲述，使学员能更进一步领会红旗渠精神在明志当中的关键作用，进一步提高思想认识，坚定理想信念，做到不论在任何时候任何情况下，与人民同呼吸共命运的立场不能变，全心全意为人民服务的宗旨不能忘，相信群众、依靠群众的优良传统不能丢，坚持立党为公，执政为民。在教师岗位上，无论学生发生多大的变化，我们思政工作者务必要担好引领学生思想的责任，引导当代青年为社会主义事业而不懈奋斗。

二、攻坚克难，践行团结协作

1949 年中国共产党带领中国人民站起来了，但当时的中国是一个一穷二白的新国家，没有工业基础，百废待兴。在河南林县这片土地上，除了有为家乡水源拼搏的人民群众外，还有许许多多走出大山为更加需要建设的祖国河山作出卓越贡献的共产党员，谷文昌就是其中的典型代表。谷文昌祖籍河南，在党的号召下奔赴福建东山县参与建设。东山县是离当时的台湾岛较近的一个落后地区，解放战争时期被掳走了大多数青壮年劳动力，当地许多群众还被扣上了反动的帽子。谷文昌到达当地后把"敌伪家属"改成"兵灾家属"，体现了人文关怀。东山岛常年受风沙灾害侵袭，他带领全县的领导干部群众开展了植树造林绿化活动，保持了当地的水土，完成了大量的土地绿化，把一个一穷二白的东山县变成了绿水青山生态绿地。谷文昌同志个人作风廉洁，身体力行告诉全体党员从自己家里开始，不占用群众一分一毫。他拒绝给妻子提拔级别，真正做到两袖清风，廉洁公正。在市场经济高速发展的新时代，各行各业在岗位上都面临无数的风险和诱惑，我们不能拈轻怕重害怕困难，而要坚定自己的理想信念，始终做到立党为公，执政为民。谷文昌同志善于发动群众，共同对抗恶劣的自然环境，带头工作，不辞辛苦，将自己的一辈子留在了遥远的东山岛，为东山岛后代人民的幸福作出了巨大贡献。联系自身，我们作为教育工作者，要善于发现和了解学生的性格特征和时代特点。诚然，由于社会人口结构的变化，当代学生管理工作的问题与过去大不相同，也面临着更多的挑战和困难，但我们不能畏惧困难，而要迎难而上。作为新时代思政工作者，作为学生的思想引路人，我们要不断学习更新教育知识，在实践中探索和创造新时期协同育人的有效新路径。不同的历史时期将面临不同的困难，在经济较为发达的现代社会，学生的思想更加活跃，思维更加灵动，也更具有不确定性，作为教师需要在不确定性中寻找合理的确定性，引领学生凝聚共识始终紧密团结在以习近平同志为核心的党中央周围。

研学途中，参观社会主义新农村塔元庄村的建设也给人留下了非常深刻的印象。塔元庄村与同福公司深度合作打造的产业园，在农副产品的生产和加工等方面取得了卓越的成绩，驰名全国，同时也搭上了智慧建设的快车道，合理开展现代农业建设，通过恒温恒湿大棚等科技化手段生产出量大质高的各项农副产品，是建设社会主义新农村的良好典范。我国一直以来都是农业大国，农业是强国之基，守住18亿亩耕地红线，保障根本民生，不仅需要农业劳动者努力奋斗，更需要其他行业全力配合，团结协作，维持经济发展长期繁荣稳定。

三、牢记使命，再续"百年"新篇

"新中国从这里走来。"西柏坡位于河北省石家庄市平山县中部，曾是中共中央所在地，党中央和毛主席在此指挥了辽沈、淮海、平津三大战役，召开了具有历史意义的党的七届二中全会和全国土地会议，在解放全中国的划时代历史上记上了浓墨重彩的一笔。本次学习班参观了西柏坡中共中央旧址和中共中央统战部旧址，重温了新中国最后阶段性解放战役的历史。在过去的战争年代，牺牲了无数革命志士才有了我们如今的幸福生活，在党的带领下，中国逐步发展成为如今的全球第二大经济体。感受伟大革命领袖在过去的历史长河中的一点一滴，始终保持艰苦朴素的革命本色，我们才更有动力接过历史的接力棒，全面实现中华民族的伟大复兴大业。在河北省委党校付丁丁老师主讲的课上，我们了解到习近平总书记在正定的从政之路，付老师从习近平总书记为何来到正定，为正定人民做了哪些工作以及正定后来的飞速发展等方面，详细地讲述了习近平新时代中国特色社会主义思想的根本来源，以及新时期习近平新时代中国特色社会主义思想应运而生的经过。我们作为学生思想的引领者，不仅仅要吃透理论知识，更要在出处和来源上更准确地把握思想精髓。知其然更知其所以然，才是我们作为教师的主要职责。

回望过去，从历史长河中汲取革命营养，才能为未来的工作注入更强大的动力。展望未来，我们不仅需要立足当下，更应该秉持"自力更生、艰苦创业、团结协作、无私奉献"的红旗渠精神和西柏坡精神，并将其作为精神食粮投入工作岗位中去，为更好地完成教育工作提供源源不断的信仰和动力。

31 高校德育工作者参加暑期红色研修的意义与启示
——基于西柏坡+红旗渠研修班的实践

艺术设计学院　彭晓敏

习近平总书记曾强调，教师要有一桶水，才能给学生一碗水。教，是教师的根本职责，而学，是教师精进主业的持续性给养。教师利用暑期参加研修学习，是不断提高自身教育教学能力的有效方式之一。笔者是高校辅导员，作为德育工作的耕耘者，有幸于2023年7月13—18日来到河南林州市与河北石家庄市，参加了"二十大精神进校园，队伍协同育新人——赴西柏坡+红旗渠研修班"学习。此行，笔者深刻感悟到西柏坡精神、红旗渠精神、谷文昌精神以及"扁担精神"的内涵，及其对教育事业的深远启示。本文将以行动为脉络，分享此次红色研修的心得体会，与同仁共勉。

一、追随先辈步伐：夯基蓄能的系统学习

（一）红色研修的目标意义和培训方式

本次研修班由马克思主义学院、学生工作处、校团委共同组织学校思政工作人员参加，设定目标有三：一是旨在提升学校"大思政"工作水平，促进思政课教师、辅导员及团总支书记间的深入交流，共同探索思政工作的新思路、新方法；二是帮助德育工作者拓宽思想政治工作视野，丰富实践阅历，深化对党的先进理论及教科

书的理解,将研修成果转化为教育教学的生动实践,进而优化教育质量,提升培养社会主义事业接班人的能力;三是引导教师从个人层面上做好政治上的明白人、经济上的清白人、生活上的正派人、廉政上的干净人,以高尚的师德师风,为学生树立榜样,引领他们健康成长。

本次研修班立足于德育工作的背景需求,充分挖掘红旗渠及西柏坡地区的资源优势,通过综合运用理论讲授、音像教学、体验式教学等多种培训方式,为学员提供深入而具体、生动而易懂的培训。本次研修班具有很好的培训实效,能够切实提高学员的综合素质和能力水平。

(二)红色研修的开展过程

14日上午,通过对专题讲座《红旗渠精神及其当代价值》的学习,我们得以从理论视角了解红旗渠的历史渊源和建造过程。观看《巍峨山碑·杨贵篇》更是让我们对红旗渠精神有了更深刻的领悟。下午,研修班一行人走入红旗渠纪念馆,身临其境地回顾了当年的修渠历程,观摩了红旗渠的枢纽工程——分水闸,走过"水上长城",观摩了红旗渠的重点咽喉工程——青年洞。站在新时代的起点,回望那段修渠的艰辛岁月,我们更能深刻体会到"重新安排林县河山"的豪迈壮言。作为新时代青年,吾辈当汲取前辈力量,大力弘扬红旗渠精神,续写新时代的辉煌篇章。

15日上午,研修班开展了现场体验式学习,走进太行山,踏入"富民路",了解大山人民的致富之路,行走在太行天路上,由此感受山区人民自力更生、艰苦创业的致富精神。午后,研修班继续现场教学,来到太行山脚下的扁担精神纪念馆,领略了太行山人民几代供销社人用心血和汗水凝聚而成的"扁担精神"。随后,又参观了谷文昌纪念馆,了解"100位新中国成立以来感动中国人物"之一、"四有书记"谷文昌的先进事迹,学习一心为公、无私奉献的谷文昌精神。太行山不仅代表着我国自然风光的壮丽巍峨,也见证着林县人民努力走出一条经济和生态共发展的山区扶贫新路。无论是愚公移山、杨贵修渠的故事,还是这里的人民孕育出的扁担精神、谷文昌精神,都是太行山人民为改善生活环境、改变人生命运而奋斗的生动写照,体现出的敢于奋斗、无畏艰险的毅力,将永远激励后代前行。

16日下午,研修班来到革命圣地西柏坡,党中央和毛泽东同志在这里指挥了淮海、辽沈、平津三大战役,指导革命取得全国胜利,故有"新中国从这里走来""中国命运定于此村"的美誉，思想意义和历史意义十分深远，思政教师在讲授党史、新中国史时均会阐述这段革命故事。通过参观西柏坡纪念馆、参加献花仪式、参观中共中央旧址，我们更加深刻地理解了革命先烈的艰苦奋斗和无私奉献。而17日上午，一行人又前往李家庄统战部旧址，进一步领略了党的统一战线工作的伟大实践，这让我深刻意识到：吾辈青年必须珍惜先辈革命成果，以党的光荣传统和优良作风坚定理想信念、坚守初心使命，继往开来。

17日下午，研修班追随习近平总书记的足迹，来到塔元庄村，探访塔元庄乡村振兴示范园，学习"美丽乡村"建设经验和乡村振兴的创新模式，认真聆听了付丁丁老师主讲的课程，了解了习近平总书记在正定的岁月，更加牢记共产党人的初心使命。

二、赓续精神之火：叩问初心的精神启示

习近平总书记曾强调，红旗渠精神深刻体现我们党的性质和宗旨，它蕴含着我们党艰苦奋斗、不屈不挠的精神力量。这种精神历久弥新，永远不会过时。同时，我们也要认识到，这些精神不仅代表着过去，也影响着未来。无论是红旗渠精神、西柏坡精神、扁担精神还是谷文昌精神，都是革命先辈传承给我们的宝贵财富和精神启示。我们要不断学习和发扬这些精神，为实现中华民族伟大复兴的中国梦而矢志不渝、奋力前行。

红旗渠精神代表着自力更生、艰苦创业、团结协作和无私奉献的伟大品质。西柏坡精神启示我们时刻铭记"两个务必"的深邃思想，始终坚守谦虚谨慎、艰苦奋斗、实事求是、一心为民的优良作风。扁担精神向我们生动诠释着"艰苦创业、勤俭办社、一心为民、开拓创新"的崇高精神。谷文昌精神则象征着坚定不移的理想信念、一心为民的公仆情怀、求真务实的担当精神、艰苦奋斗的优良作风。

人无精神则不立，精神是一种追求、一种动力、一种支柱，是立身行事中攻坚克难的法宝。红色精神，如同点亮人生道路的长明灯。参加研学的教师从本次研修中深刻领悟了红旗渠精神、西柏坡精神等中华民族精神的内涵，就应当学以致用，指导实践。我们要牢记立德树人使命，牢记红色精神内核，提升教师为人师表的思想觉悟，在以后的工作中遇到各种困难时，应当以红色精神为引领，攻坚克难、勇

于创新、锐意进取，为教育事业贡献力量。

三、立足德育工作：坚守使命的工作反思

（一）善用红色研修经历，运用到实际工作中

本次研修教材中有一句话："今天您作为一名学员来到西柏坡和红旗渠学习，明天您将是西柏坡精神和红旗渠精神的继承者和宣传者。"我们深以为然。教师需要以红色精神为引领，在实践中严格要求自身，同时将思想政治教育作为主责主业。通过这段研修经历，教师需要提高自我要求，将这段历史讲好、讲透、讲深刻、讲生动。另外，思政课教师、辅导员、团总支书记也可以红旗渠和西柏坡的故事为专题，从各自的职责角色出发，进行明确的分工，思政课教师把握好学生的第一课堂，辅导员和团总支书记把握好第二课堂，以宣讲、音像等多种方式开展活动，进而将学习成果有效转化成教学资料。

（二）满足学生学习兴趣，想方设法多开展现场体验式教学

来到革命红色圣地，触摸历史的痕迹，追忆红色峥嵘岁月，促使教师对红色文化、红色历史、红色精神的领会变得更加深刻，教师通过研修，转变为学习者的角色，也从中亲身体会到现场式教学的优点。"00后"大学生的学习特点之一是讨厌大道理式的语言、讨厌"被灌鸡汤"的教学方式。因此，有必要对教学方式进行改革。有效的教育方法应该是立足于学生学习需求，改变学生对思政课、主题班会等德育形式的刻板印象，一方面可以带领学生走出校园，带学生参观广州市内的红色景点，如农讲所、黄花岗烈士陵园、团一大纪念馆等，另一方面可以开展"红色精神进校园"活动，邀请红色榜样讲述红色故事，还可以围绕红色主题开展话剧、演讲、知识竞答等趣味活动，从而提高学生的参与度，培养主动学习、不断学习的态度，由此更加利于大学生理解、学懂党和国家的历史和先进理论，更有利于大学生树立共产主义信仰，努力成为社会主义事业的合格建设者和可靠接班人。

32　扬帆起航，勇攀高峰，传承中华民族精神
——用心做好青年大学生的领路人

艺术设计学院　吴　超

习近平总书记在全国政协会议上曾强调：要把师德师风建设摆在最首要位置，引导广大教师继承发扬老一辈教育家"捧着一颗心来，不带半根草去"的精神，以赤诚之心、奉献之心、仁爱之心投身国家教育事业。笔者是一名高校德育工作者，有幸于2023年7月13—18日期间参加学校党委组织的"二十大精神进校园，队伍协同育新人——赴西柏坡+红旗渠研修班"活动，至今回忆起来，仍让人印象深刻，所经历的场景依然历历在目，收获颇多。

一、自力更生、团结协作，延续新时代红旗渠精神

我们一行人沿着先辈们的光辉足迹，怀着信仰，一路前行，14日进行了一系列学习活动：聆听了专题讲座《红旗渠精神及其当代价值》，并观看了影像资料《巍峨山碑·杨贵篇》，重走了水上长城，实地参观了红旗渠纪念馆及青年洞。

说到红旗渠，就不得不从林县（现林州市）的历史说起，在新中国成立前，这里山多地少，交通不便，更为严重的是水源奇缺，灾害年年有，十年九不收，是个山穷、水穷、人穷的贫瘠山区县。缺水问题一直困扰着林县人民，于是在20世纪60年代林县人民群众在当时极其艰难的条件下，从太行山腰间"引漳入林"，修建了被称为"水上长城"的水利工程。从那个时代背景出发，去看当时修红旗渠的艰难险阻，

感受那个时代英雄们的英勇付出,我辈自当汲取前辈力量,大力弘扬红旗渠精神。

沿着蜿蜒曲折的长堤,看到巍巍太行山上的悬崖峭壁和红旗渠中潺潺的流水,一直到青年洞前,可以想象在那个年代要完成如此浩大的工程是要经历多大的困难险阻。在那个特殊的年代,林县县委书记杨贵冒着巨大的风险,坚持安排了近300名青年人吃住在太行山进行施工,争分夺秒抢建水渠关键点"青年洞"。正是因为有这样敢于担当的领导班子,堪称"世界第八大奇迹""中华水上长城""人工天河""中国奇迹"的红旗渠工程才一路坎坷一路高歌顺利完工了。参观红旗渠让我们深受感动,红旗渠精神既是中华民族精神的传承,又是中华劳动人民智慧的结晶;既承载了中华民族优秀传统文化,又凸显了中国劳动人民的追求。红旗渠精神充分体现了中华民族精神的强大生命力、凝聚力和影响力,这种精神得到了延续和传承。

红旗渠经典案例充分体现了中华劳动人民自力更生、艰苦奋斗、团结合作、无私奉献的精神。如今,自力更生、艰苦奋斗、团结合作、无私奉献的红旗渠精神也成了林县人民一代又一代人传承的精神支柱,不断激励着一代代林县人走向全中国,林县成为了全中国建筑之乡的发源地,孵化了一大批中国优秀的建筑公司。红旗渠精神为林县的社会发展注入了不懈的动力,也为林县描绘了"苦难太行、战胜太行、建设太行、美好太行"的美丽未来。

二、谦虚谨慎、艰苦奋斗,赓续新时代西柏坡精神

16日中午我们怀着敬仰之心来到河北西柏坡。西柏坡是著名的三大战役的指挥所,也是毛泽东主席和党中央"进京赶考"的起点,具有转折意义的党的七届二中全会亦在此召开。西柏坡以其在中国历史上的重要地位成为中国革命纪念地之一,是"进京赶考"的出发地,见证着"新中国从这里走来"。在这里孕育形成的西柏坡精神,在中国共产党人精神谱系中写下了浓墨重彩的一笔,思想意义和历史意义十分深远,教师在讲授党史、新中国史时均会阐述这段革命故事。通过参观西柏坡纪念馆、参加献花仪式等活动,我深刻领会到西柏坡的革命精神。西柏坡精神是在不断地革命实践中慢慢孕育出来的。"谦虚谨慎、艰苦奋斗、实事求是、一心为民"是对西柏坡精神的基本阐述。

1949年3月,具有里程碑意义的中国共产党第七届中央委员会第二次全体会议在

河北西柏坡召开。这是党中央领导全国人民，通过指挥三大战役，经过多年的浴血奋斗，最终实现全国的伟大解放的历史关键时期。在即将执掌全国政权、建设新中国的历史任务和神圣使命摆在我们党面前的时候，毛泽东同志和党中央前瞻性地提出"务必使同志们继续地保持谦虚、谨慎、不骄、不躁的作风，务必使同志们继续地保持艰苦奋斗的作风。"作为高校思政工作者，赓续新时代西柏坡精神，一是要发扬彻底的自我革命精神，敢于直面困难，面对胜利时保持清醒头脑，保持谦虚谨慎、艰苦奋斗的作风。二是要始终坚持以全校师生为中心，以"赶考"姿态解决学生急难愁盼问题。我们要始终做到谦虚谨慎、艰苦奋斗、实事求是、一心为民，着力推动解决师生最关心、最直接、最现实的利益问题，努力在新时代"赶考"路和长征路上交出更加优秀的答卷。

三、扬帆起航，勇攀高峰，传承中华民族精神

从红旗渠到西柏坡，从陌生到熟悉，继而油然而生一种崇敬之情，即对红旗渠及西柏坡圣地的无限敬仰。红旗渠与西柏坡红色革命圣地在中国历史上传承着一种民族精神，与延安精神是一脉相承的。这种精神已经成为中华民族奋斗的象征。参观完之后，心情久久难平，面对心中的圣地，坚信它还将吸引一代又一代人遥望的目光。红旗渠精神是一种自力更生、团结协作、艰苦创业、无私奉献的精神。这种民族精神将指引我们在遇到困难时，挑战自我，克服各种困难，最终战胜困难。

西柏坡是我国新民主主义革命的最后一个驿站，不仅是伟大的人民解放战争走向胜利的见证，更是中国人民革命历史上的圣地，它所承载的谦虚谨慎、艰苦奋斗、实事求是、一心为民精神，是中华民族精神之所在。吾辈必须珍惜先辈革命成果，以党的光荣传统和优良作风坚定理想信念、坚守初心使命、承前启后、继往开来。

学习红旗渠精神和西柏坡精神还让我们明白了作为德育工作者的使命和责任。作为青年大学生的引路人，我们应该注重培养学生的思想道德品质和社会责任感，帮助他们树立正确的人生观和价值观。我们要引导学生弘扬中华民族精神，培养他们团结奋斗、勇于拼搏、敢于创新的精神风貌。同时，我们也要关注学生的个体成长和发展，引导他们追求卓越的目标，并提供适当的指导和支持。结合平时的工作，我们要将中华民族精神融入其中，将精神转化为行动力量，转化到日常生活的行动

中。我们要继续深刻领会这次参观学习红旗渠与西柏坡的深层次寓意，将精神内涵融入日常工作生活中，切实努力为学校建设与发展奉献自己的一份力量，积极主动进取，勇于担当，继续扬帆起航，勇攀高峰，积极为国家和社会培养高素质的综合型技术技能型人才。

33　红色研学对高职院校教师培训的启示

生物技术与健康学院　尹婷婷

随着社会的不断发展与进步，教师角色的重要性日益凸显，特别是在高职院校，教师的教育教学水平和专业素养对培养优秀人才具有重要影响。然而，在教育改革的持续推进和新时代教育需求的背景下，高职院校教师也面临着不少挑战。因此，红色研学作为一种特殊的教育方式，为高职院校教师培训提供了新的思路与途径。此次红色研学以红色资源为背景，通过在红旗渠和西柏坡的实地考察和学习交流，增进了每位教师对党的历史、传统文化和社会主义核心价值观的认识与理解。

一、红色研学概述

红色研学最大的特点在于以红色资源为基础，通过参观和交流，让参与者亲身感受历史，了解先辈的英勇事迹，体会他们的无私奉献精神。红色研学的目的是弘扬中华民族的传统美德，激发参与者的爱国情怀，帮助参与者培养正确的人生观、世界观和价值观。

红色研学是非常有价值与意义的活动。一是通过参观红色革命圣地，参与者能够感受到先辈们的伟大精神，增强民族自豪感与自信心。二是通过红色研学弘扬中华优秀传统文化，对培养参与者的道德品质和社会责任感具有重要意义。三是通过红色研学有利于增强参与者的爱国主义情怀，提高参与者对党和国家的认同感和归属感。

二、红色研学对高职院校教师培训的影响

参与红色研学不仅能让高职院校教师深入领悟革命先辈的爱国情怀，了解感悟他们为民族解放和发展进步所作出的巨大牺牲和贡献，还可以让教师在学习和传承红色精神的同时，能够更好地将爱国主义教育融入教学中。在教师的言传身教下，学生将更深刻地认识到爱国的重要性，并对祖国充满热爱。

红色研学让教师深刻认识到自己所肩负的神圣使命，即培育优秀人才、传承先辈遗志。在红色革命圣地的感召下，教师不但能坚定教育教学的责任与担当，而且能认识到教育工作的伟大意义。这种使命感和责任感将激励教师不断提高教学水平，为社会培养更多有用之才。

红色研学还可以促进教师深入探索教学内容与方法，使教师学会结合红色资源，设计更富有创意的教学活动。通过实地考察和亲身体验，教师在增加自身的知识储备，开阔教学视野的同时，还提高了专业素养和教学水平，有助于将所学知识与教学实践相结合，为学生创设更为生动有趣的红色学习环境，激发学生的学习兴趣与积极性。

三、个人心得体会与展望

通过此次红色研学，本人深刻领悟到党的历史、革命精神和传统文化的重要性，同时也增强了爱国主义情怀和教育责任感。在红旗渠和西柏坡的研学过程中，我更加深入体会到红色研学对教师培训的积极影响。比如通过实地考察与参观，我们深入了解当地历史沿革和精神内涵；通过与同伴交流分享，激发了教学热情和创新意识；通过讲好红色故事，唤起了爱国情怀和家国情怀。

展望未来，红色研学将在我们高职院校教师培训中继续发挥重要作用。在全面推进素质教育的进程中，培养德才兼备的高职院校教师显得尤为重要。红色研学作为一种特殊的教育方式，将为教师培训提供丰富的红色资源和启示。

首先，应该继续加强红色研学课程体系的构建与优化。在高职院校教师培训中，应将红色研学课程纳入常态化培训内容，并结合不同学科、专业特点进行细化。教师通过系统化的红色研学课程可以更全面地学习、体验和应用红色资源，有利于在

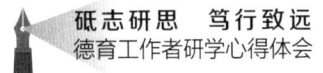

教学中更好地传承和弘扬红色精神。

其次,应不断创新红色研学实践活动的形式与内容。红色研学不应仅限于著名革命圣地,还可以拓展至其他具有重要历史意义的建筑或地区,如革命旧址、革命纪念馆等。同时,可以考虑把红色研学与当地的产业发展和社会实践等结合起来,使教师在交流实践中领会红色精神的价值和意义,并更好地将其运用到学生教学中。

最后,应建立健全红色研学在教师培训中的长效机制。教育部门应加大对红色研学的政策支持和资金投入,为高职院校教师提供更多的参与红色研学的机会。同时,学校也应积极组织开展红色研学活动和实践,建立与红色研学相关的评价体系,不断改进和优化培训方案,保证红色研学在教师培训中的持续有效。

作为一名教师,此次红色研学,不仅使我增强了爱国主义情怀、激发了我的教育责任感和教学热情,还提高了我的专业素养和教学水平。希望今后的教师培训,能不断加强红色研学的实践与应用,使其成为促进高职院校教师全面发展和教育教学质量提升的重要手段,为建设社会主义现代化国家培养更多优秀人才。

34 红旗渠、西柏坡研学心得体会

生物技术与健康学院 陈小琼

郑板桥诗曰:"衙斋卧听萧萧竹,疑是民间疾苦声。些小吾曹州县吏,一枝一叶总关情。"无论官职大小,老百姓的一举一动都牵动着为政者的情感。古人尚且如此,新时期的党员干部更要涵养一心为民的公仆情怀,从党的群众路线教育实践活动中重温理论经典,汲取精神营养,从而实现自我革新、自我提高,不断强化党性修养。回溯我党的光辉历程,群众路线犹如一条精神主线贯穿始终。为加强党性锻炼,提高党员干部干事创业、谋求发展的执政水平,提升党员干部的凝聚力、执行力、创新力,2023年7月13—18日,在学校党委的组织和领导下,我们到河南红旗渠及河北西柏坡参观学习,有幸见证了林县(今林州市)人民及西柏坡人民艰苦奋斗、吃苦耐劳的革命历程。

一、深入深山挑大梁,凝心聚力谋发展

周恩来总理曾说:"中国有两大奇迹,一个是南京长江大桥,一个是林县红旗渠。外国朋友来到中国,很多都会去参观一下红旗渠。"自1969年红旗渠竣工以来,已有来自140多个国家和地区的4万人先后到此参观,他们无不对红旗渠发出由衷的赞叹。

来到林县,我们了解到林县儿女一钎一锤干革命的质朴。林县领导干部与人民

群众同吃同住同劳动，悬崖峭壁边不计个人得失、冒着生命危险凿山引渠的无私奉献精神令人动容，也让我深刻感受到：正是有了"一切为了群众、一切依靠群众"的工作方针，才有了党和人民群众的心心相印，创造了"人工天河"的奇迹，有了"把党的正确主张变成群众的自觉行动"的实践力量。

林县的历史长河中，有不少因长期干旱缺水给人民带来深重灾难和贫困的记载，林县人民面临着巨大的生存压力，生活因缺水而异常艰难。然而，在1960年，林县人民在县委书记杨贵的带领下，发扬不畏艰难、敢于拼搏的精神，历经数年的艰苦努力，终于在太行山中用鲜血、汗水和生命铸就了号称中国"水上长城"的水利工程——红旗渠。天造山，人造渠，人工天河红旗渠。壮志撼山岳，胆略泣鬼神！

林县人民在极为艰苦的环境下，为求生存而毅然决然地跨越两省间的险峻山脉，将漳河之水引入林县，凭借着有限的资源和技术，勇敢地改造自然环境，重塑了山河的壮丽面貌。这一伟大壮举，彰显了林县人民坚定的信念、无畏的勇气和卓越的胆识。同时，也充分体现了中国共产党始终心系人民群众，全心全意为人民服务的宗旨和使命。

在中国共产党的领导下，林县人民凭借坚韧不拔的精神，积极应对自然环境的挑战。这些极其普通的人，依靠最基础的工具，铸就了令人惊叹的世界级成就。

林县人民"自力更生、艰苦创业"的"红旗渠精神"深深震撼了我们、打动了我们、鼓舞了我们，使我们的心灵倍受触动、情操倍受陶冶、斗志倍受鼓舞，精神得到了进一步升华。

二、朴素耕耘得始终，艰苦奋斗创辉煌

西柏坡——一个河北省平山县原本极普通的山村，因为中国共产党人的到来，让这个普通山村成了一颗璀璨的明珠，镶嵌在历史的画卷中。它见证了我们党和国家最不平凡的历史。它见证了中国共产党人不畏艰难、勇往直前的奋斗历程，也见证了新中国从诞生到成长的辉煌岁月。

想象一下，在那个热血沸腾的年代，党中央的领导人们并没有坐在高楼大厦里，而是来到了西柏坡这个偏僻的小山村，穿上粗布衣服，拿起锄头，和农民朋友们一起种地、收割。这种接地气的日子，让他们更加了解老百姓的疾苦和需求，也让他

们更加坚定了为人民服务的决心。

当然，生活不是一帆风顺的。在西柏坡，党中央的领导人们还面临着敌人的围追堵截和艰苦的生活条件。但是，他们并没有被这些困难吓倒。相反，他们发扬艰苦奋斗的精神，与敌人斗智斗勇，用智慧和勇气一次次战胜困难。这种精神就像一盏明灯，照亮了他们前进的道路，也激励着一代又一代人为国家的繁荣富强而努力奋斗。

在西柏坡，党中央的领导人们还进行了许多深刻的思考和探索。他们认真总结了中国革命的经验教训，提出了许多具有深远意义的理论观点和政策主张。这些理论观点和政策主张，就像一把钥匙，打开了新中国建设的大门，也为后来的发展奠定了坚实的基础。

如今，当站在新的历史起点上回望西柏坡时，我们不禁由衷地敬佩和感激那些曾经在这里奋斗过的人们。他们用自己的智慧和勇气，为我们创造了一个崭新的中国。他们的故事和精神，就像一股清流，滋润着我们的心田，激励着我们勇往直前、创造更加美好的未来！

三、总结经验向未来，以身示范展先锋

离开红旗渠和西柏坡，我沉浸在深深的思索之中。当我们穿梭于历史的长河，审视共和国的发展历程时，我们深切地体会到，"两个务必"始终是中国共产党引领人民克服重重困难、不断取得新胜利的根本保证。我们必须继续弘扬党的优良传统，发扬老一辈革命家艰苦奋斗的优良作风和革命精神，增强时代责任感和求真务实的精神，充分发挥党员的先锋模范作用，为实现中华民族伟大复兴的中国梦而努力奋斗。

作为教育一线的辅导员，我在工作中直接面对学生和家长，始终处于为人民服务的最前沿，服务质量的高低直接影响着社会各界对教育工作的评判。随着广东省外向型经济的快速发展和教育影响力的不断拓展，新的历史机遇为我校发展注入了新动力，同时也带来了新挑战、新任务。如何答好"为教育服务的考卷"不仅需要我们深入思考，更要以身示范，扑下身子、甩开膀子，在服务地方教育发展的火热实践中大干一场，创造出经得起时代和人民检验的实绩。

看一次展览，听一次介绍，不仅给我们带来了感触和感动，重要和可贵的是我们可以把这样一种感悟和收获转变为实际行动，并持久地坚持下去。同时，我们要用亲眼所见、亲耳所闻的革命史诗教育、鼓励、鞭策我们的下一代。我们要让下一代头脑里面始终绷紧"进取意识""忧患意识""危机意识"的弦，并时时刻刻衡量和指导自己的一言一行；用实际行动承担起国家发展和民族振兴的重任，时时刻刻明白，不管在我们前进的道路上遇到什么样的荆棘、曲折、艰难险阻，都要像老一辈无产阶级革命家那样，敢于斗争，敢于胜利，不断开拓进取，勇往直前。在生活、工作、学习中，我们要学会团结，学会宽容，学会奉献，学会用真诚、热情的心去对待世界，对待周围的人。只要我们团结一切可以团结的力量，万众一心，就没有什么干不成的事情。今天，我们可以通过做好自己的本职工作，在力所能及地帮助他人过程中，以一种平凡而不平庸的方式真正地实现自己的价值。

35　红色精神对高校思政教育的启发

生物技术与健康学院　张　彤

　　中国共产党在百余年的奋斗征程中孕育产生了一系列宝贵的精神财富,其中红色精神是党和国家独有的光荣传统和精神血脉,有着丰富的科学内涵,在当今社会仍有着巨大的时代价值。通过赴爱国主义教育基地林州和西柏坡参观见学,重温历史,我们近距离深入了解了红色精神,切身体验中国共产党的奋斗历程。

一、红旗渠精神的价值意蕴

　　20世纪60年代,河南省林县(今林州市)人民历经近10年时间,在太行山的悬崖峭壁上,于一锤一钎一炮中筑成了长1500多千米的"人工天河"——红旗渠,淬炼出了伟大的红旗渠精神。习近平总书记指出:"红旗渠精神是我们党的性质和宗旨的集中体现,历久弥新,永远不会过时。"将红旗渠精神融入高校思政课是落实立德树人根本任务的必然之举,也是培育合格的社会主义接班人的必然要求。

　　红旗渠精神是一种"以人为本,坚定理想信念,坚持实事求是"的实干精神。由于地理位置和自然环境的局限性,林县自古以来都面临着长期缺水的困境。正是为了人民,正是要为百姓排忧解难,真正造福人民,以杨贵为代表的林县县委决心彻底改变这一历史性问题,决定修建红旗渠,并作出"红旗渠修不成,我从太行山跳下去向林县百姓谢罪"的庄严承诺,这也成为当时每一个党员的行动遵循。

坚定的理想信念是建成红旗渠并形成红旗渠精神的基本前提，林县人民战天斗地修建红旗渠的伟大壮举，自始至终彰显着坚定的理想信念。在当时缺衣少食、物资匮乏，各种技术条件十分落后的情况下，林县人凭借"重新安排林县河山"的崇高理想，本着相信党、相信人民、相信社会主义制度优势性的坚定信念，毫不动摇、矢志不渝，举全县之力接力奋斗。在修建红旗渠过程中，林县县委成立调查组进行实地考察，勘探地形地貌，考察水源情况。县委书记杨贵经常亲临修渠一线，听取群众和技术人员的意见和建议，针对出现的问题，及时纠错，不断调整施工方案，坚持从实际出发，按客观规律办事。最终，用心血和汗水铸就了"人工天河"。

红旗渠精神是一种"团结协作、敢想敢干，无私奉献"的担当精神。红旗渠的修建正值国家困难时期，修渠面临资金问题、运输问题、粮食问题、材料问题、技术问题等众多现实困难，这些困难在党和国家、县内外各行各业人民群众等联合攻关下被一一破解。在"一穷二白"的极端困难条件下，林县人民充分发挥主观能动性、发挥人民群众的创造性，依靠这种创造性建成"世界第八大奇迹"。修建红旗渠是林县人民"摸着石头过河"，做前人没有做过的事情，体现着团结协作、改革创新的精神印迹。

二、西柏坡精神的价值意蕴

西柏坡是中国共产党解放全中国的最后一个指挥所，也是中国革命的圣地之一。西柏坡精神诞生于中国革命继往开来的特殊时期，是以毛泽东为核心的党中央驻西柏坡期间创立的革命精神。西柏坡精神不是单一的、简约的，而是复合型的、多向度的，具有鲜明的转折性、内涵的丰富性和一以贯之的继承性与创新性。因此，重走西柏坡，学习美丽乡村建设经验，对于我们深入了解中国共产党的历史和理论体系，认识中国特色社会主义道路的正确性和发展方向，有着非常重要的意义。

永不停步，将革命进行到底。1949年3月23日，毛泽东率领中共中央机关乘车离开西柏坡，向北平进发，他将此形象比喻为"进京赶考"。进入新时代，习近平总书记强调："我们面临的挑战和问题依然严峻复杂，应该说，党面临的'赶考'远未结束。"走好新时代"赶考路"，需要进一步挖掘西柏坡精神的内涵与时代价值。

西柏坡时期，中国共产党承担着革命与建设的双重使命。西柏坡精神既包含打碎旧世界的革命斗争理论，比如敢于斗争、敢于胜利的精神，加强纪律、集中统一的规矩意识，也包含了如何建设新中国的执政思想，比如民主建政的思想、一切为了人民的宗旨；不仅有管理城市、经济建设的思想，比如依靠工人阶级、稳定工商业、发展经济、改善民生等方针，还有加强党的建设的理论，提出了谦虚谨慎、拒腐防变、保持共产党人的纯洁性、先进性的战略思考和举措。历史证明，这是中国共产党对马克思主义政党建设理论新的重要贡献，不仅指引全党顺利度过工作转移的转折时期，更为我党的建设确立了长久的思想基础。

坚持"两个务必"，保持党的优良传统和作风。西柏坡精神内涵十分丰富，以"两个务必"为核心，包括"敢于斗争、敢于胜利""坚持依靠群众、坚持团结统一""善于打破一个旧世界、善于建设一个新世界""务必谦虚谨慎、不骄不躁，务必艰苦奋斗"。其中"两个敢于"的彻底革命精神，体现了共产党人不畏强敌，坚决斗争到底的胆识和气魄；"两个坚持"的民主精神，是中国共产党始终如一的行动指南，中国共产党从成立之日起就把为中国人民谋幸福、为中华民族谋复兴作为自己的初心和使命；"两个善于"的勇于创新精神，体现了中国共产党能够顺应历史发展规律，勇于抛弃旧思想、打破旧制度，解放思想、与时俱进的创新精神。"两个务必"的思想是党的建设的关键核心，谦虚、谨慎、不骄、不躁是对每个党员思想上的要求，艰苦奋斗则是行动上的指南，为中国共产党执政后能够长期保持党的纯洁性和先进性提供了理论依据和行为准则。

三、红色精神融入高校思想政治教育的价值

红色精神萌芽于民族危亡之时，吸取了中华民族历史文化中的精华，并将其与马克思主义理论相结合，经过了历史与实践的考验不断发展创新，是对高校大学生进行思想政治教育的文化基础，是大学生坚定理想信念的内在要求，也是大学生成长过程中树立正确价值观的主观需要，是中国共产党理想信念的核心体现，是培育社会主义合格建设者、实现民族复兴的精神源泉。

红色精神是源于实践、扎根实践，同时超越现实的先进精神。无数仁人志士坚定理想信念，在最黑暗的时候仍能向往最远方的光亮。这种红色精神是一种立足现实又超越现实的精神，是一种与时俱进、不断发展的精神。播种红色精神，能够有

效地开阔学生的眼界，提升学生对于错误意识形态的辨别能力；能够教育引导高职学生坚定理想信念，树立远大目标，启迪大学生将理想信念与祖国发展相结合。

高校思政教育中通过引入对红色精神的学习，如学习红旗渠精神、西柏坡精神等，能够培养学生吃苦耐劳的品质，树立实事求是、为人民服务的高贵品格。高校思政教育在不断厚植红色教育思想的过程中，通过一桩桩事迹、一条条政策，引导高职学生领悟辩证唯物主义和历史唯物主义的基本观点，抓住历史的脉络和时代特征，正确地看待党在社会主义实践探索过程中经历的艰难曲折，有利于有效树立正确的党史观，坚定自身的理想信念。

对此，笔者建议在大学生思想政治教育过程中进行红色精神的宣讲，在校园文化和课外实践中加强大学生对红色精神的学习，利用网络媒体等媒介做好红色精神的宣传工作，为红色精神融入大学生思想政治教育提供切实可行的实践路径参考。